www.ingramcontent.com/pod-product-compliance
Lightning Source LLC
LaVergne TN
LVHW051108051026
849532LV00004BB/1471
9789358724745

اختر اور سلمیٰ کے خطوط

(مکتوبات)

اختر شیرانی

Akhtar aur Salma ke Khutoot
by: Akhtar Sheerani
Edition: March '2024
Publisher :
Taemeer Publications LLC (Michigan, USA / Hyderabad, India)

ISBN 978-93-5872-474-5

کتاب	:	**اختر اور سلمیٰ کے خطوط**
مصنف	:	**اختر شیرانی**
پروف ریڈنگ / تدوین	:	اعجاز عبید
صنف	:	مکتوبات
ناشر	:	تعمیر پبلی کیشنز (حیدرآباد، انڈیا)
سالِ اشاعت	:	۲۰۲۴ء
صفحات	:	۱۲۲
سرورق ڈیزائن	:	تعمیر ویب ڈیزائن

پیش لفظ

غالباً ۱۹۳۴ء کا زمانہ تھا۔ ماہنامہ "رومان" اختر شیرانی مرحوم اور برادرِ محترم ڈاکٹر عاشق حسین بٹالوی کی مشترکہ اِدارت میں نکل رہا تھا۔ میں اُن دنوں منٹگمری میں بسلسلہ ملازمت مقیم تھا اور ڈاکٹر صاحب اسلامیہ کالج کے قریب ملکھی رام سٹریٹ میں سکونت رکھتے تھے۔

میری ملازمت کا ابتدائی دور تھا۔ لاہور میں عمر گزارنے کے بعد منٹگمری کی زندگی بے کیف اور خشک تھی چنانچہ جب کبھی موقع ملتا میں بھاگ کر لاہور آتا اور چند دن بلکہ بعض اوقات چند گھنٹے اِس "عروس البلاد" میں گزار کر واپس چلا جاتا۔ اِسی دوران میں ایک دن ڈاکٹر عاشق حسین صاحب کے ہاں گیا تو وہ موجود نہ تھے۔ مجھے بھی اور کوئی کام نہ تھا اِس لیے وہیں جم گیا اور استحقاقِ برادرانہ کو کام میں لاتے ہوئے اُن کی چیزوں کو اُلٹنے پلٹنے لگ گیا۔ میز کی دراز کھول کر دیکھی تو ایک کاپی نظر پڑی جس کے سرورق پر لکھا تھا "شاعر کا خواب۔" اُسے کھولا تو تحریر اختر مرحوم کی تھی اور یہ مسوّدہ مجموعہ تھا "اختر و سلمیٰ کے خطوط" کا، جس کو کتابی صورت دے دی گئی تھی۔ میں نے بیٹھ کر اُسے دیکھنا شروع کر دیا۔ لیکن وقت کم تھا، مکمل طور پر نہ پڑھ سکا چنانچہ شام کو عاشق صاحب کی

اطلاع یا اجازت کے بغیر وہ مسوّدہ لے کر منٹگمری چلا گیا۔ وہاں پہنچ کر ایک شریکِ کار سیّد خورشید حسین کو دے دیا کہ یہ مسوّدہ کم از کم وقت میں نقل کر دیا جائے۔ غالباً دو دن اور ایک رات کی مسلسل محنت کے بعد یہ مسوّدہ نقل ہو گیا۔ اُس کے بعد میں لاہور آیا اور کاپی چپکے سے اُسی دراز میں رکھ دی۔

وقت گزرتا گیا اور مسوّدہ میرے پاس محفوظ پڑا رہا۔ میرا خیال تھا کہ اختر مرحوم اِس مجموعے کو خود ہی شائع کر دیں گے کیونکہ خطوط میں متعدد مقامات پر اُنہوں نے اِس کی اشاعت کے ارادے کا نہ صرف ذکر کیا تھا، بلکہ سلمٰی سے اِس کی اجازت بھی حاصل کر لی تھی۔ بد قسمتی سے اختر شیرانی مرحوم کو موت کا بلاوا آ گیا اور اشاعت کی نوبت نہ پہنچ سکی۔

۱۹۴۷ء کے پُر آشوب زمانے میں جب ہر چیز درہم برہم ہو گئی تو یہ قیمتی متاع بھی کہیں گم ہو گئی۔ ایک سال بعد اختر مرحوم بھی اِس دنیا سے رخصت ہو گئے اُس وقت معاً مجھے اِس مجموعے کا خیال آیا اور تلاش شروع کی۔ اِدھر اُدھر دیکھا بھالا، کہیں سُراغ نہ ملا۔ لیکن میں مایوس نہ ہوا اور آخر کار تقریباً دو سال کی مسلسل جستجو کے بعد وہ کاپی صحیح سالم حالت میں مل گئی۔ اُس کے بعد میں نے متعدّد بار اِس کی اشاعت کا ارادہ کیا لیکن زندگی کی کشمکش اور فکرِ معاش نے مہلت نہ دی۔ آخر کار جب کسی قدر سکون ہوا تو اشاعت کی طرف توجّہ کی چنانچہ آج یہ "مسروقہ مجموعہ" آپ کے پیشِ نظر ہے۔ زندگی میں سرقے کا مرتکب تو میں کئی بار ہوا ہوں مگر اِس حسین سرقہ پر جو خوشی مجھے ہوتی ہے اُس کی کوئی مثال نہیں ہے۔

سلمٰی کی ذات جس طرح اختر مرحوم کی زندگی میں سراپا راز تھی، آج بھی ایک چیستان سے کم نہیں ہے بہت سے لوگوں نے اِس خاتون کا کھوج لگانے کی کوشش کی ہے،

میں نہیں جانتا کہ اُن کو اِس معاملہ میں کہاں تک کامیابی ہوئی ہے۔ میں خود اِس ہستی سے قطعاً واقف نہیں ہوں اور پھر آج سے تیس سال پہلے کی ایک نوجوان لڑکی کی کسی لغزش کو طشت از بام کیوں کیا جائے۔ اختر مرحوم مرد تھے اور شاعر! اُنہوں نے شعر کہہ کر اور شراب پی کر اپنی تسکین کے سامان پیدا کر لئے، لیکن سلمیٰ ایک مسلمان عورت تھی اور شاید پردہ نشین بھی، اُس کا کیا حشر ہوا ہو گا۔

لکڑی جل کوئلہ بھئی، کوئلہ جل بھیو راکھ
میں برہن ایسی جلی کوئلہ بھئی نہ راکھ

پھر ہمیں کیا حق حاصل ہے کہ ہم اِس خاکستر کی چنگاریاں تلاش کرتے پھریں۔ رومان کے زمانے میں میرا ایک افسانہ "حقائق" اِس ماہنامہ میں شائع ہوا، اِس میں ایک جگہ پر میں نے سلمیٰ کے ایک خط کی چند سطریں حوالے کے ساتھ نقل کر دی تھیں۔ کچھ عرصہ کے بعد لاہور آیا اور اختر مرحوم سے ملنے گیا۔ دوپہر کا وقت تھا اور اختر صاحب ٹھرّے کی بوتل سے شغل فرما رہے تھے۔ میری طرف دیکھ کر مسکرائے اور ابتدائی دریافتِ مزاج کے بعد اُنہوں نے ایک خط میرے ہاتھ میں دے دیا۔ تحریر نسوانی تھی اور اِس میں اُن سطور کی اشاعت پر مجھے اور اختر مرحوم دونوں کو خوب کوسا گیا تھا۔ نیچے لکھا تھا "سلمیٰ"۔ میں نے وہیں بیٹھے بیٹھے ایک معذرت نامہ لکھ کر اختر مرحوم کے حوالے کیا کہ سلمیٰ تک پہنچا دیا جائے۔ معلوم نہیں اُس کا کیا حشر ہوا۔ اِس سے زیادہ مجھے سلمیٰ کی نسبت کچھ پتہ نہیں ہے۔ اختر کے کئی جگری دوست اب بھی موجود ہیں ممکن ہے کہ اُن کو اختر مرحوم کی زندگی کے اِس حسین راز کا کچھ پتہ ہو لیکن میرے خیال میں اِس راز کا راز رہنا ہی بہتر ہے۔

خطوط:

اِن خطوط کے متعلق مختلف آراء ہیں۔ بعض لوگ سرے سے سلمیٰ کے وجود ہی سے منکر ہیں اور اُن کی رائے میں اِن خطوط کی اِسی قدر حقیقت ہے کہ۔

کیا کیا فریب دلکو دیئے اضطراب میں
اُن کی طرف سے آپ لکھے خط جواب میں

دوسرا اگروہ وہ ہے جو یہ کہتا ہے کہ سلمیٰ واقعی ایک حقیقت تھی اور اختر مرحوم کے ساتھ اُس کا معاشقہ بھی مسلّم ہے لیکن وہ کوئی ادیبہ نہ تھی کہ اِس قسم کی بلند پایہ عبارات لکھ سکتی، لہٰذا یہ خطوط اختر مرحوم نے خود ہی لکھے تھے۔ تیسری قسم کے وہ لوگ ہیں جو اِن خطوط کو واقعی اصلی خیال کرتے ہیں۔ خطوط پڑھنے کے بعد یہ کہنا کہ یہ سب خود فریبی تھی، جس میں اختر مبتلا تھے، بہت مشکل ہے۔ اِس قدر طویل خود فریبی ممکن نہیں ہے اور پھر خطوط میں اکثر مقامات پر بعض گھریلو اور دیگر واقعات کا ذکر اِس طرح کیا گیا ہے، جس سے صاف معلوم ہوتا ہے کہ یہ خطوط اصل ہیں۔ بہر حال جو کچھ ہے وہ آپ کے سامنے ہے اور اِس میں کوئی شک نہیں ہے کہ یہ ادبی شہ پارے اختر و سلمیٰ کے اصل یا فرضی محبت کے اَن مٹ نقوش ہیں جن کو ادب میں بلند جگہ ملنی چاہئے۔

اختر و سلمیٰ خطوط کی روشنی میں

اختر آج ہمارے درمیان موجود نہیں ہے ، اُس کی زندگی کے بعض افسوسناک واقعات کا اظہار کرنا مستحسن نہیں ہے لیکن یہاں صرف اختر مرحوم کی ذات زیرِ نظر نہیں ہے بلکہ اِن واقعات سے ایک ایسی ہستی کا بھی تعلق ہے جو اختر مرحوم سے زیادہ مظلوم، زیادہ بے کس ولاچار ہے۔

اختر نے جیسا کہ میں اوپر ذکر کر چکا ہوں اپنے جذبات کو شعروں کا لباس پہنا کر اپنے قلبِ تپاں کو تسکین دے لی لیکن مجبور اور بے زبان سلمیٰ نے دعوتِ عشق پر ''لبیک'' کہہ کر اپنی ہر چیز کھودی، تباہ و برباد کر دی۔ اِس روشنی میں جب ہم خطوط کا مطالعہ کرتے ہیں تو یہ محسوس ہوتا ہے کہ اختر مرحوم نے اِس رابطۂ عشق میں کسی بلند کرداری کا ثبوت نہیں دیا ہے جس کی سب سے بڑی دلیل یہ ہے کہ اُنھوں نے سلمیٰ کو ہمیشہ کے لیے حاصل کرنے کی کوئی کوشش نہیں کی۔ بلکہ اُن کی شادی عین اُس وقت ہوئی جب وہ سلمیٰ سے بے پناہ عشق کا اظہار کر رہے تھے۔ ایک جگہ وہ لکھتے ہیں:-

'' اگر تم مجھے مل جاتیں تو کیا دنیا بھر کے ادب و شعر کی محفلوں میں آج میرا کوئی حریف نظر آ سکتا تھا، آہ! تمہاری حسین معیّت میں ، تمہاری رنگین صحبت میں مرے خیالات، مرے ارادے کس قدر بلند اور باوقار ہو سکتے تھے۔'' (کوکب کا خط نمبر ۲)

مگر شادی کے معاملہ میں اپنی بے چارگی کا اِن الفاظ میں اظہار کر کے وہ سمجھتے ہیں کہ سُرخرو ہو گئے۔

''جذباتِ لطیفہ کی یہ غارت گری، محبت پرست روحوں کی یہ بربادی، جس چیز کی گلہ

مند ہے وہ ہمارے والدین کی حماقتیں ہیں جو بالآخر اولاد کی دائم العمر عقوبتوں کے رنگ میں ظاہر ہوتی ہیں۔ والدین کی یہ ستم آمیز حماقتیں ہمارے جاہلانہ رسم و رواج کی بے راہ روی کا نتیجہ ہیں۔ تہذیب و تمدّن کے اِس روشن و منوّر دور میں جب کہ اقوامِ عالم ہر ایک معاملہ میں معراجِ ترقّی کی شہ نشین پر نظر آتی ہیں۔ ایک خفتہ بخت اور جاہل قوم ہندوستان کی ہے جو ابھی تک ذلّت اور بدبختی کے تحت الثّریٰ میں کروٹ بدل رہی ہے۔ ہماری معاشرت کے دامن پر سب سے نمایاں داغ جو ہماری بدنصیبیوں کی تکمیل کی مُہر بنا ہوا ہے والدین کا وہ ناجائز اختیار ہے جو اُن کو اپنی ہوشمند اولاد کے ازدواجی معاملات میں حاصل ہے"۔ (کوکب کا خط نمبر ۲)

اِس رویّہ کی خود سلمیٰ شاکی ہیں، ایک جگہ کہتی ہیں۔

"مجھے پھر کہنے کی اجازت دیجئے کہ اِن تمام ترنا گواریوں کے بانی، اِن تمام تلخ کامیوں کے موجب آپ خود ہیں۔ ہاں آپ! کیوں؟ اِس لیے کہ آپ اگر چاہتے۔ آہ! اگر آپ کی خواہش ہوتی۔ آپ اگر ذرا سی بھی کوشش کرتے تو میں آپ کو مل جاتی یا دوسرے الفاظ میں آپ مجھے پالیتے۔ آہ! نہایت آسانی کے ساتھ پاسکتے تھے مگر آپ نے تو۔۔۔ لیکن میں بے وقوف ہوں۔ اب بھلا اِن باتوں، آہ اِن گئی گزری باتوں کی یاد میں دل کو نشترکدۂ غم اور سینہ کو غمکدۂ یاس بنانے سے کیا حاصل۔ (سلمیٰ کا خط ۴)

اور اب میں آپ کے اور اِن خطوط کے درمیان زیادہ دیر تک حائل نہیں رہنا چاہتا۔

بہارستان سبھا سے ایک اقتباس

گمنام خطوط کا معاملہ جس قدر تکلیف دہ ہوتا ہے، محتاجِ بیان نہیں۔ ہماری بد قسمتی کہیئے یا خوش قسمتی کہ آج کل ہمیں بھی بعض ایسی ہی لطیف تحریروں سے آنکھیں ''سینکنے'' کا موقع ملا ہے جن کی نسوانی شعریت، خطرناک حد تک ہلاکت آفرین ثابت ہو سکتی ہے، لیکن ہمارے ''گمنام پردہ نشینوں'' کو معلوم نہیں کہ اُن کا ہدفِ نظر، ایک بہت ہی دیر آشنا اور کسی حد تک بد دماغ شخص ہے۔ جو ایک طرف کسی نسوانی احترام کے حضور میں، سر بسجود ہو سکتا ہے تو دوسری طرف مصنوعی نسائیت کے پردۂ فریب کی رنگینیوں کو نہایت حقارت سے ٹھکرانا بھی جانتا ہے۔

کچھ نہ سمجھے خدا کرے کوئی

اِن شوخ تحریروں میں پہلی تحریر ایک ایسی خاتون کی ہے جن کے جذبات کی حسین فتادگی چاہتی ہے کہ ہم اپنی بہترین ہمدردیاں اُن پر نچھاور کر دیں اور ''تکلّف بر طرف'' ہمیں اپنے اندازِ جنوں کے استعمال سے کوئی عقلی مصلحت مانع نہیں:۔

بیار بادہ کہ مینائے عمر لبریز است۔۔ مریض رادمِ آخر چہ جائے پرہیز است

ہم اُنہیں یقین دلاتے ہیں کہ جس ''خلش'' سے وہ ہمیں سرفراز فرمانا چاہتی ہیں، اُسے اُن کے حسبِ خواہش ''غیر'' نگاہوں کے سامنے بے حجاب نہیں کیا جائے گا:۔

کہہ سکے کون کہ یہ جلوہ گری کس کی ہے؟
پردہ چھوڑا ہے وہ اُس نے کہ اُٹھائے نہ بنے

دوسری گمنام تحریر کو بھی ایک خاتون کے نقوشِ قلم سے فیض یاب ہونے کا دعوےٰ ہے !۔ لیکن در حقیقت اِس کے پردہ میں ایک "ریشائیل" چہرہ جلوہ فرما ہے۔ اظہارِ غصّہ بری چیز نہیں تو ہمیں صاف کہنا چاہئے کہ اگر ہمارے سامنے ہو تو ہم سے بے اختیار "منہ نوچنے" کا جرم سرزد ہو جائے۔ غالباً ہمارے کرم فرما کو علم نہیں کہ عورت کی ہستی بہت سی ایسی لطافتوں اور نزاکتوں کی حامل ہوتی ہے جو مرد کی کرخت فطرت کو کبھی میسّر نہیں ہو سکتیں، اور اگر ہمارے دوست قانونِ فطرت کی کُہنگی اور اپنی نوعِ خلقت کی فرسودگی سے اُکتا کر عورت کا روپ اختیار کرنا چاہتے ہیں تو سب سے پہلے اُنہیں اپنے آپ پر نسائیّت کی ادائیں طاری کرنی چاہئیں، بشرطیکہ "ہنس" کی چال چلنے میں کوّے کا چلن نہ بگڑ جائے !۔ رہا ہمیں اپنے فریب کا معمول بنانا تو اِس کے سوا کیا عرض کیا جائے۔

بروایں دام برمرغِ دگرنہ کہ عنقارابلند است آشیانہ

(بہارستان، نومبر ۱۹۲۶ء)

"وہی نیاز کیش" کے دستخطوں سے جو تحریر ہمیں موصول ہوئی ہے اِس میں ہمارے اُنہی نیاز کیش کو بہت سی غلط فہمیاں ہوئی ہیں۔ تشریح و توضیح کا یہ موقع نہیں، کبھی ملیں گے تو:۔

ہ میں کہنا ہے کچھ اپنی زباں میں

(اقتباس از بہارستان، دسمبر ۱۹۲۶ء)

"سب سے پہلی اور آخری درخواست "کرنے والوں کو"ایس رولو اینڈ سنز، فوٹوگرافر اینڈ آرٹسٹ، دی مال"(لاہور) سے خط کتابت کرنی چاہئے !"بہارستان" اِس درخواست (حکم ؟) کی تعمیل کرنے سے معذور اور شرمسار ہے۔

(اقتباس از بہارستان، جنوری ۱۹۲۷)

بہت سے ایڈیٹر صاحبان پر چکمہ چل گیا ہے اور وہ فخریہ ایسے ناپسندیدہ مضامین شائع کر دیتے ہیں مگر ہمارے نوجوان باہمّت بھائی اختر صاحب شیرانی نے اپنے رسالہ ''بہارستان'' میں یہ باریک پردہ اُٹھا دیا اور اُن ادبی مضامین نگار بُرقعہ پوش حضرات کے نقاب اُلٹ دیے۔ اُنہوں نے کسی تازہ اشاعتِ ''بہارستان'' میں صاف صاف لکھ دیا ہے کہ "ہم پر یہ جادو نہ چلے گا۔ ہم نے بخوبی جان لیا ہے کہ اِس زنانہ شاعرانہ نام کے برقعہ کے اندر کون ہے؟"بس۔۔۔

(ہندوستان کی کم علم مضامین نویس خواتین)

از نذر سجاد حیدر

(مرقع ماہ دسمبر ۱۹۲۶ء)

"بہارستان" کی ڈاک میں ایک گمنام تحریر

۔۔۔۔ عشق ہے اور ابتدائے آہ ہوتی ہے مبارک آج طفلِ دل کی بسم اللہ ہوتی ہے

تم بھول کر بھی یاد نہیں کرتے ہو کبھی

ہم تو تمہاری یاد میں سب کچھ بھلا چکے

اگر۔۔۔۔ محبت واقعی نام ہے ایک قوّتِ جاذبہ کا۔۔۔۔ اگر فریفتگیِ عشق سچ مچ کہتے ہیں۔۔۔۔ ایک کششِ پنہاں کو، اگر شیفتگیِ نیاز عنوان ہے، حقیقتاً اِک فوری اثر انگیزی کا !تو۔۔۔۔ اے صرفِ تغافل، اے محوِ بے نیازیِ مطلق، تیری نگاہِ التفات نے اب تک درسِ بیداری کیوں نہ لیا؟ تیری روح کے خوابیدہ تاثّرات نے اب تک کیوں نہ انگڑائی لی؟ تیرے افکارِ روحی کی رنگینیوں میں اب تک کیوں نہ محبت کی گُدگُدی پیدا ہوئی؟ آپ کے رسالے کے ہزارہا خریدار ہوں گے۔ مگر اِس ہجوم میں۔۔۔۔ صرف میں ہی وہ خریدار ہوں جو اپنی نادانیِ جذبات کی بدولت اپنے آپ کو آپ کا خریدار بھی سمجھتی ہوں۔۔۔۔ آہ!۔۔۔۔

ایک مدّت تک دلِ غمگیں کو سمجھاتے رہے۔۔ ضبط غم کرتے رہے، کہنے سے شرماتے رہے

سیر کوہ و راغ و دریا روز دِکھلاتے رہے۔۔ الغرض سو سو طرح سے دل کو بہلاتے رہے

اب مگر چلتا نہیں دل پر فریبِ آرزو

یوں تو ہم کھایا کئے اکثر فریبِ آرزو

بذریعہ بہارستان جواب دیجئے۔۔۔۔راز داری کی تاکید۔

والسلام

ایک پردہ نشین۔۔۔۔مگر

مجبوُر

دوشیزہ

کوکب کا خط

کیونکر کہوں کہ خواب نہیں جاگتا ہوں میں
یہ آنکھیں!اور یہ!!میرے پروردگار!!خط!!!

۔۔۔۔نہیں جانتا کہ کن الفاظ سے آپ کو مخاطب کروں۔۔۔؟اِس لیے کہ آپ کے محبت نامہ نے جن تاثّرات و احساسات کا ہیجانِ عظیم دل میں پیدا کر دیا ہے اُس نے آپ کے خط کے جواب میں میرے پاس مدہوشی و سرشاری کے سوا کچھ باقی نہیں چھوڑا۔

میں اور خطِ دوست خدا ساز بات ہے
جاں،نذر دینی بھول گیا اضطراب میں

پچھلی رات کی یہ مستانہ کیفیت!اور اضطرابِ روحی کا یہ عالم!۔۔۔۔اللہ جانتا ہے یہ مبہوت لمحے کیونکر گزار رہا ہوں۔۔۔؟دل و دماغ میں ایک محشرِ بے خودی!ایک قیامت زادیوانگی برپا ہے اور میں اپنے آپ میں اِس کی ہمّت و اہلیت نہیں پاتا کہ صحیح معنیٰ میں آپ کو مخاطب کر سکوں!سب سے زیادہ جو چیز۔۔۔۔میری پریشانی کا باعث ہے!وہ ”نادلانہ“

کیفیت ہے جس نے مجھے اِس طور پر آپ کی شوخ وشنگ۔۔۔۔ مگر پُر اسرار شخصیت سے دوچار کر دیا ہے۔ آہ وہ شخص! جو غریب اچھی طرح جانتا ہو! کہ فطرت کی " فیّاضی " نے اُسے نہ تو کسی قسم کے حسنِ معنوی سے سرفراز کیا ہے اور نہ حسنِ ظاہری سے۔۔۔۔ اور پھر اس کو بتلایا جائے کہ ایک فرشتۂ ارضی۔ ایک حورِ دنیا۔ ایک برقِ جمال۔ ایک پیکرِ شعاع۔ ایک مجسّمۂ نور۔۔۔۔ ایک صنمِ نکہت و رنگ۔ ایک پرستیدۂ حُسن۔ ایک موضوعِ ادب و شعر۔ اُس کی "بے رنگیوں" کو محبت کی نظروں سے دیکھتا ہے۔۔۔۔ اور بالخصوص اُس حالت میں جب کہ بتلانے والی ہستی بھی خود، وہی ہو۔۔۔۔ تو آپ ہی سوچیے۔ وہ بے چارہ اِس پر کہاں تک؟۔۔۔۔ کیونکر؟۔۔۔ اعتبار کر سکتا ہے؟ کیونکر یقین کر سکتا ہے؟

آپ نے مجھے "دیوتا" کہہ کر میرے اعمال و جذبات کے ساتھ ایک نہایت بے دردانہ مذاق کیا ہے ایک حد درجہ "اندوہ گیں" فریب کھیلا ہے!۔۔۔۔ آپ کی اِس "ستم ظریفی" اِس مہلک شوخی! کا کیا جواب دوں۔۔۔۔؟ سوائے اِس کے کہ اپنی جگہ پر کڑھوں، جلوں۔۔۔۔ اور اُف تک نہ کروں۔!! آپ کو مجھ سے میری "نا آشنائیِ رحم" کا شکوہ ہے!۔ "بیدادگری" کی شکایت ہے! کاش کہ یہ جائز ہوتی! کاش کہ میں صحیح مخاطب ہو سکتا۔۔۔۔! کیونکہ "شکایت" بھی "دنیائے محبت" میں "عین محبت" تسلیم کی جاتی ہے!۔۔۔۔ مگر جب! مجھے سرے سے اِس "تھئیٹر" کی سی فریب آرایانہ! اور محض ستم ظریفانہ مناظر سامانیوں پر اعتماد نہ ہو۔۔۔۔ تو آپ ہی انصاف کیجئے! میں اِن گلے شکووں کا کیا جواب دوں۔

اُلٹے وہ شکوے کرتے ہیں اور کس ادا کے ساتھ!

بے طاقتی کے طعنے ہیں عذرِ جفا کے ساتھ!!

حقیقت یہ ہے کہ تصویر کا ایک ہی رُخ آپ کے سامنے ہے ورنہ آپ ایسا لکھنا کبھی گوارا نہ کرتیں۔

تم کو آشفتہ مزاجوں کی خبر سے کام کیا؟
تم سنوارا کرو بیٹھے ہوئے گیسو اپنے

میرا خیال ہے کہ اگر سارے ''حالات و واقعات'' آپ کے سامنے ہوں تو شاید حقیقت کے چہرے سے نقاب اُٹھ جائے اور تب۔۔۔ آپ کو معلوم ہو کہ جو گلہ آپ کو مجھ سے ہے وہ دراصل مجھے آپ سے ہونا چاہئے تھا۔۔۔! میرے ''ظلم و بیداد'' کا شاید اُس نظم سے اندازہ ہو سکے گا جس کا عنوان ''اُن سے'' ہے مگر اَب ''تم سے'' ہونا چاہیے اور جو اِس عریضہ کے ساتھ ملفوف ہے۔ کیا یہ ممکن ہے کہ آپ اُس زمانہ سے لے کر۔۔۔ جب کہ آپکے ''خیالات'' کو مجھ سے غائبانہ شناسائی حاصل ہوئی۔۔۔ اب تک کے تمام واقعات مفصلاً مجھے لکھ بھیجیں۔۔۔ اور پھر میں بھی اپنی تمام ''داستانِ غم'' آپ کے حضور میں دہرادوں۔۔۔!!! اگر آپ نے ''عنایت'' فرمائی تو یقیناً بہت سی چیزیں تاریکی سے روشنی میں آجائیں گی۔۔۔ اور جن کو اب آجانا چاہیے۔ یہ عریضہ آپ کے خط کا جواب نہیں ہے بلکہ اِس سے محض آپ کی تشفّی مقصود ہے۔ آپ کو یقین کرنا چاہئے کہ آپ کا ''راز'' صرف ''آپ ہی کا راز'' نہیں ہے بلکہ اِس میں میرے دل کے ٹکڑے بھی شامل ہیں۔

دنیا میں ترے عشق کا چرچا نہ کریں گے
مر جائیں گے لیکن تجھے رُسوا نہ کریں گے

کیا محترمہ ''ثریّا جبیں'' کی خدمت میں اب بھی میں یہ عرض نہیں کر سکتا کہ

ہم نظر بازوں سے تُو چھُپ نہ سکا جانِ جہاں

تُو جہاں جا کے چھُپا ہم نے وہیں دیکھ لیا

ممکن ہے۔۔۔ میرے آئندہ خط سے آپ "پہلی مرتبہ" معلوم کریں کہ میرا اب تک جو طرزِ عمل رہا۔۔۔ وہ کس حد تک مجبورانہ تھا۔۔۔؟ ہاں۔۔۔ آپ مطمئن رہئیے کہ کوٹھی پر آنے سے میری "" "کسرِ شان" نہ ہو گی۔۔۔۔ آپ چاہیں گے تو میں اُن ذاتِ شریف کا نام بتلا دوں گا۔۔۔ کیا "اب پہلی اور آخری درخواست" کرنے والوں سے میں اتنا پوچھنے کی جرأت کر سکتا ہوں ؟ اور کیا لکھوں۔۔۔؟ سوائے اِس کے کہ کاش کچھ لکھنے کی ہمت ہوتی۔۔۔!! آہ۔۔۔!

نہ دے نامہ کو غالب طول اتنا مختصر لکھ دے

کہ حسرت سنج ہوں عرضِ ستم ہائے جُدائی کا

راقم۔۔۔۔ "کوئی"

سلمیٰ کا خط

(۱)

آخر وہ آ گئے مجھے دینے تسلّیاں

آخر ہوا اُنہیں مرے صدمات کا یقین

دلنوازم۔۔۔۔ فدایت شوم

نامۂ جان آفریں موصول ہوا۔۔۔ اِس "غیر متوقع" محبت اور لطف و کرم کا بہت بہت شکریہ۔۔۔ مگر کیونکر یقین کروں کہ آپ کی "گلفشانیاں" حقیقت سے ہمدوش ہیں؟ کیسے باور کروں کہ آپ نے مکتوبِ محبت میں جو کچھ تحریر فرمایا ہے وہ "صداقت" پر مبنی ہے۔۔۔ آہ!۔۔۔ بھلا میں ناچیز اِس قابل کہاں۔۔۔؟ کہ ایک ایسے فردِ گرامی کی محبت کا فخر حاصل کر سکوں۔ جو بہ ہمہ صفت موصوف اور یکتائے زمانہ ہو؟۔۔۔ کاش کہ میں اِس لائق ہوتی!۔۔۔ ہو سکتی!! میں سمجھتی ہوں یہ میری انتہائی بد نصیبی ہے کہ آپ کو میری "بے پایاں"۔۔۔ "لازوال" اور "بے لوث" محبت کا اب تک یقین نہیں ہوا، اور آپ اِسے تھیئٹر کی فریب آرایانہ اور محض ستم ظریفانہ مناظر سامانیوں پر محمول فرما رہے ہیں حالانکہ دو سال کی طویل اور روح فرسا مدّت سے غمہائے محبت سہتے سہتے میری یہ حالت ہو گئی ہے کہ

صورت میں خیال رہ گئی ہوں

خصوصاً ان دنوں تو دل و دماغ کی کچھ اِس درجہ زار حالت ہے کہ میں خود بھی اِس کا صحیح اندازہ نہیں کر سکتی۔۔۔ ہر قسم کا ذوق و شوق مفقود اور خواب و خور حرام ہو گیا۔

اکثر اوقات میں سوچنے کی کوشش کرتی ہوں کہ آخر یہ مدہوشی کب تک؟ کہاں تک؟ اور اِس کا نتیجہ کیا ہو گا؟ مگر نہیں سوچ سکتی۔ سنبھلنے کی لاکھ کوشش کرتی ہوں مگر نہیں سنبھل سکتی۔ ہر دیکھنے والے کا میری طرف دیکھ کر سب سے پہلے سوال یہی ہوتا ہے کہ تمہاری یہ کیسی حالت ہو گئی ہے؟ تم تو اَب پہچانی نہیں جاتیں؟؟ جس کے جواب میں میرے پاس ایک افسردہ، ایک پژمردہ تبسّم کے سوا کچھ نہیں ہوتا۔ آپ سے اِس طرح "اظہارِ غم" کرتے ہوئے میرے جذباتِ حیا زخمی ہو جاتے ہیں آپ کو "دردِ دل کا چارہ ساز" سمجھتے ہوئے خاموش بھی نہیں رہا جاتا۔۔۔ آہ!:-

زندگی کس کام کی جب ہو یہ حالِ زندگی
ٹل بھی جائے اب کہیں سر سے وبالِ زندگی

جنابِ والا۔۔۔ مہربانی فرما کر آپ اپنا یہ شعر واپس لے لیجئے کہ

تم ہو اب اور مدارات ہے بیگانوں کی
کون لیتا ہے خبر عشق کے دیوانوں کی

اِس لیے کہ اِس کے صحیح مخاطب آپ خود ہی ہیں۔۔۔ ہاں ذرا گریبان میں منہ ڈال کر دیکھئے اور پھر کچھ فرمانے کی کوشش کیجئے۔ کیا آپ یہ سمجھتے ہیں کہ میں "چلی گئیں" کی سی دردانگیز نظم جو آپ کے جذباتِ محبت کی آئینہ دار تھی۔ بھول گئی ہوں؟؟ نہیں۔ اِس نظم کا ایک ایک شعر آتشیں حرفوں سے میری لوحِ دماغ پر نقش ہے۔ اب جو آپ نے "اُن سے" کے عنوان سے نظم لکھ بھیجی ہے میں کیسے نہ کہوں کہ اِس میں بھی اُسی "ہندو خاتون" کو مخاطب کیا گیا ہے۔۔۔ افسوس:-

لب پہ رہ جاتی ہے آ آ کے شکایت تیری

میرے خط نہ لکھنے کی یہ وجہ نہ تھی کہ میں خدانخواستہ کسی اور خیال میں محو تھی۔ بلکہ

اِس کا باعث یہ تھا کہ میں آپ کی ''نو عروسانہ خلوت و جلوت'' میں مخل ہونا نہیں چاہتی تھی۔ نیز میرا خیال تھا کہ آپ میری مراسلت سے نہایت بیزار ہیں۔ ورنہ میری جو کیفیت رہی ہے اُسے یا تو خدا جانتا ہے۔ یا میں۔۔۔!!

آپ نے شروع سے لے کر آخر تک کے واقعات معلوم کرنے کی خواہش ظاہر فرمائی ہے جس کے جواب میں فقط اتنا عرض کر سکتی ہوں کہ:-

اپنے جلووں کا کیا تُو نے ہی میں خود شیفتہ
ہم ہوئے تھے مبتلائے عشق تیرے نام سے

میں آپ کے مضامین (نظم و نثر) کے مطالعہ سے آپ کی ''نادیدہ تمنّائی'' ہو گئی اور پھر اس کے بعد عالمِ وارفتگی میں، جو جو حماقتیں مجھ سے سرزد ہوئیں اور ہوتی رہیں، اُن سے آپ بے خبر نہیں ہیں۔۔۔؟؟ اچھا۔۔۔ اب آپ مفصلاً تحریر فرمایئے کہ آپ کو کس طرح اصلیت و حقیقت معلوم ہوئی۔ اب اِس طرح تصویر بھیج دینے سے کیا ہوتا ہے۔۔۔؟ میری درخواست تو آپ نے مسترد فرما ہی دی تھی نا۔۔۔؟ بہر حال میں آپ کی اِس عنایتِ بے غایت کا شکریہ ادا کرتی ہوں۔۔۔! کیونکہ آپ کی شبیہ میرے لئے باعثِ صبر و قرار ہے جب اضطراب قلب حد سے سِوا ہونے لگتا ہے۔ تو میں چپکے سے آپ کی صورت دیکھ لیتی ہوں مگر آپ کہاں ماننے والے ہیں۔۔۔؟ دوسرے سوالات کا جواب بشرطِ زندگی کسی آئندہ فرصت میں۔ میں تہِ دل سے ممنون ہوں (اور ساتھ ہی شرمسار بھی) کہ آپ اُس روز محض میری خاطر اِس قدر تیز بارش اور شدید سردی میں اتنی دُور سے تشریف لائے۔ آپ کا یہ ایثار میں تسلیم کرتی ہوں، مستحقِ داد ہے اور آپ کی محبت کا ایک بلیغ ثبوت!! مگر آہ!:-

گھر ہمارے ہائے کب آیا ہے وہ غفلت شعار

جب ہماری خانہ ویرانی کا ساماں ہو چکا

راقمہ (آپ کی تقلید میں)

بھول جانا نہ ہمیں یاد ہماری رکھنا

خط کتابت کی سدا رسم کو جاری رکھنا

(پنسل کی تحریر)

معاف فرمایئے گا عریضہ ہذا بہت جلدی میں لکھا ہے۔

سلمیٰ کا دوسرا خط

جناب والا

نیاز قبول فرمایئے۔۔۔ ایک خستہ اور افسردہ دل کا نیاز! آہ:-

کشتیِ دل ہو گئی اُمید کے دریامیں غرق

اور اے تقدیر تکتے رہ گئے ساحل سے ہم

اگرچہ آپ کی "دلخراش طنزوں" سے متاثر ہو کر میں نے آپ کے اِس قول پر عمل پیرا ہونے کا عہد کر لیا ہے کہ "محبت کے لیے یہی کافی ہے کہ وہ محبت ہے۔ خواہ اِس کا علم فریقِ ثانی کو ہو یا نہ ہو۔" اور یہ کہ "سچی محبت کو جوابی محبت سے بے نیاز ہونا چاہیئے۔" مگر پھر بھی معلوم نہیں کیوں۔۔۔؟ آخری مرتبہ یہ کہنے کی جرأت کرتی ہوں کہ جیسے بھی ہو اِس عریضہ کا جواب ضرور عنایت فرمایئے۔ ہاں اُن آنسوؤں سے جن میں ایک "نخچیرِ غم" لڑکی کا خونِ جگر بھی شامل ہے۔ تکلیف تو ہو گی مگر للہ ایک دفعہ مندرجہ ذیل سوالات کے بالتفصیل جوابات دینے کی زحمت گوارا فرمایئے ممنون ہوں گی۔

(۱)۔ آپ کی دلگداز نظم جس کا عنوان ''اُن سے'' ہے مطبوعہ ہے یا غیر مطبوعہ؟

(۲)۔ وعدہ کے باوجود آپ نے اپنی ''داستانِ غم'' اب تک کیوں نہیں دہرائی؟

(۳)۔ اپنے اِس فقرے کی تشریح فرمایئے۔۔۔ کہ ممکن ہے میرے آئندہ خط سے آپ پہلی مرتبہ معلوم کریں کہ میرا اب تک جو طرزِ عمل رہا وہ کس حد تک مجبورانہ تھا؟۔

(۴)۔ یہ جانے بغیر کہ میں کون ہوں اور کیا ہوں؟ آپ نے اپنی غزل:۔

لے آئے انقلاب سپہرِ بریں کہاں (مطبوعہ بہارستان)

اور اپنے افسانہ ''پشیمانِ شباب'' (مطبوعہ قوس قزح) میں دو تین جگہ مجھے کیونکر مخاطب فرمایا تھا۔۔۔؟

(۵)۔ کیا یہ سچ ہے کہ آپ کو میری ''غیر فانی'' اور ''بے غرض'' محبت کا اب تک یقین نہیں آیا؟ اور آپ اِسے محض ایک ''فریب'' سمجھتے ہیں؟ اپنا فرض نہ سمجھنے کے باوجود آپ اگر جواب سے سرفراز فرمانا چاہیں تو ۲۱۔ جنوری بروز ہفتہ ڈھائی بجے دن کے قریب تشریف لے آئیں اور اس کے بعد یقین فرمایئے کہ پھر کبھی آپ کو اِس قسم کی ناگوار تکلیف نہیں دی جائے گی۔

والسلام

اظہارِ اضطراب ہماری خطا سہی
تسکینِ قلب کس کی بدولت نہیں رہی

کوکب کا خط

ضبط کروں میں کب تک ؟ آہ
چل رے خامے بسم اللہ

ہوا کی تحریک سے، دامنِ گلبرگ پر لرزنے والے قطرۂ شبنم کی طرح۔ سینہ میں دل، آنکھ میں آنسو۔ دماغ میں تخیّل اور ہاتھ میں قلم کانپ رہا ہے۔ تھرتھرا رہا ہے۔ تم سے خطاب کرنا۔ تمہاری حسین و نازنین اور نازک و رعنا ہستی سے خطاب کرنا، اِس ویران و بے کیف دنیا میں !۔۔۔ اِس دنیا کی تلخ و ناگوار بے رنگیوں میں اِس سے زیادہ لذیذ اور رنگین و روشن خوش نصیبی اور کیا ہو سکتی ہے۔ ؟؟ آہ!۔ اِس کے تو تصوّر میں مر جانا ہی حسین ترین خوش نصیبی ہے۔۔۔ مگر آہ! زمانہ کی ستم پیشگی کو کس زبان سے بد دعا دوں ؟ جس نے میرے دل کو زخمی! میرے دماغ کو ماؤف! میرے جذبات کو مجروح اور میرے حسّیات کو ذبح کر کے، ہلاک کر کے رکھ دیا ہے۔ میں تم سے اِس طرح مہجور، یوں رنجُور اور تم مجھ سے اِتنی دور، اِس قدر دُور۔ آہ! قسمت کی کوتاہیاں، ہائے۔ فطرت کی ستم آرائیاں:-

شبِ تاریک بیم موج و گردابِ چنیں حائل
کجا دانند حالِ ما سبکسارانِ ساحل ہا؟؟

تمہارا۔ آہ! میری جان۔ تمہارا تقاضا ہے کہ میں تمہارے حضور میں اپنی "داستانِ غم" دہراؤں۔ اپنا افسانۂ درد کہہ سناؤں۔ مگر کیسے کہوں ؟ کس کی زبان لاؤں ؟ دلِ صد پارہ کا مشہد، جذباتِ اُمّید کا مقتل، جسارتِ آرزو کا مدفن تمہیں کیونکر دکھاؤں ؟؟ شمع کا سوز اگر عریاں ہو سکتا ہے۔ بجلی کی بے قراری اگر ہاتھ آ سکتی ہے۔۔۔ قطرۂ شبنم کی زندگی۔ ہاں۔ ایک لمحہ زندگی اگر منتقل ہو سکتی ہے، موسیقیِ حزیں کا گداز اگر ارسال کیا جا سکتا ہے اور سرشکِ شوق کی ماتم طرازیاں اگر صفحۂ کاغذ پر نمایاں ہو سکتی ہیں تو ممکن ہے

میں بھی تمہارے حکم کی تعمیل سے عہدہ بر آ ہو جاؤں۔ ورنہ نگہتِ رمیدہ، بُوئے پریشاں اور نغمۂ آوارہ کی زندگی ہی کیا۔۔۔ ؟اِدھر شوقِ پرواز کی رخصت ملی اور اُدھر۔۔۔ فنا انجام۔۔ معدوم۔

لیکن کیا۔ آج مجھے حقیقت میں تمہارے سامنے اپنی غم پروردہ ہستی کو بے حجاب کر دینا پڑے گا۔۔۔ ؟ کیا آج مجھے اپنے دل کی انتہائی گہرائیوں میں بسنے والے اُس راز کو جس کی میں ایک مدّت سے ایک داغ کی شکل میں پرورش کر رہا ہوں۔ تمہاری نگاہِ کرم کے حضور میں عریاں کر دینا ہو گا۔۔۔ ؟ کیا محبت کی اُس حسین و رنگین اور لذیذ و خوشگوار خلش کو جو تمہارے سب سے پہلے خط کے سب سے پہلے فقرے کے ساتھ۔ میری روح کی آخری خلوتوں میں اُتر آئی تھی اور جس کی میں نے آج تک اپنے خونِ افکار سے پرورش کی، نشوونما کی۔ آج مجھے تم تک پہنچانے پر مجبور ہونا پڑے گا۔۔۔ ؟؟ آہ!:-

سُن لے اگر کوئی تو نہیں زندگی کی خیر
ہے جان سے عزیز مراُ مدّعا مجھے

نہ پوچھو۔۔ میں درخواست کرتا ہوں۔۔ میں تم سے التجا کرتا ہوں۔۔ یہ نہ پوچھو۔ جو جی چاہے پوچھو، مگر آہ!۔۔ پرِ پروانہ کے شورِ خاموش کا راز اور زبانِ بلبل کے نالۂ مجبور کا معمّا۔۔ مجھ سے نہ پوچھو۔۔ سب کچھ پوچھو۔۔ مگر میں تم سے التجا کرتا ہوں۔۔ میں تمہاری منّتیں کرتا ہوں کہ میرے اشعار کی غمناک روش کا سبب اور میرے افکار کی دردناک بے کسی کا عقدہ مجھ سے نہ پوچھو۔۔ تمہاری محبت، آہ!۔ تمہاری محبت کا اعتراف، دلگداز اعتراف، درد آلود اعتراف۔ قلم کی جگہ دل ہاتھ میں ہے۔ تو بھی مجھے اِس کی جرات نہیں ہو سکتی۔ دیکھنا۔ مجھے مجبور نہ کرو۔ میں کہتا ہوں۔ میں ضبط نہ کر سکوں گا۔ آہ!۔۔ دماغ پھٹ جائے گا۔ میرا دل سینہ سے باہر نکل آئے گا۔ آہ!۔ میں مر جاؤں گا رحم کرو۔

میرے بیمار شباب کی کمہلائی ہوئی مرجھائی ہوئی۔ کھوئی ہوئی رنگینیوں پر رحم کرو۔ میرے افسُردہ دل کی لُٹی ہوئی۔ مِٹی ہوئی، بہار کی سوگواریوں پر رحم کرو۔ میرے پژمُردہ دماغ کی ہاری ہوئی، تھکی ہوئی آوارہ خیالیوں پر۔ اُن کی دردناکیوں پر رحم کرو کہ اِن میں تمہارے محبت کے اعتراف کی جرأت نہیں، ہمّت نہیں۔ تمہیں چھیڑنے کو، ستانے کو نہیں۔ محض اظہارِ واقعی کے طور پر اور تمہیں اپنی ہستی سے جُدا نہ سمجھ کر کہتا ہوں کہ میں نے اپنی ناتواں ہستی کے اِن ۱۲ سالہ دورہائے بہار و خزاں میں ایک مرتبہ نہیں۔ اکثر اپنے سینہ میں محبت کی روح فرسا خلش محسوس کی ہے۔ خاص خاص موقعوں پر اِس کی پرورش کی ہے اور مجھے اِس کی بے حجابی کے موقعے بھی نصیب ہوئے ہیں۔ مگر یقین ماننا کہ آج تک کبھی کسی وقت مجھے اظہارِ محبّت کے لئے اِس قدر تکلیف۔ اِتنی دِقّت نہیں ہوئی جتنی آج اِس وقت۔ اِن پریشان نگاریوں میں مصروف، محسوس کر رہا ہوں۔ آہ! کیا محبت کا اعتراف۔ میرے لئے محبت کرنے سے زیادہ دشوار ہوگیا ہے؟ کس سے پوچھوں؟

بہر کیف اُس وقت تک کہ میرا دلِ صد پارہ۔ اعترافِ محبّت کے طور پر اپنی جراحت سامانیوں کو۔ کسی بہتر رنگ میں پیش کرے، ذیل کے شعر کو اپنی داستانِ افسردگی کا خلاصہ اور عنوان بنا کر پیش کرتا ہوں:-

زندہ ہوں تیرے لئے اے رشکِ مہر و ماہ میں
آج کرتا ہوں تجھے اِس راز سے آگاہ میں

میں یہ الفاظ لکھ رہا ہوں۔ اِس حال میں کہ میرا دل رو رہا ہے۔ میری روح ماتم کر رہی ہے۔ میرے جذبات فریاد کر رہے ہیں۔ کاش کہ تم اِس وقت سامنے ہوتیں اور میں ہرزہ نگاریوں کی بجائے اپنی آنکھوں سے۔ اپنی اِن آنکھوں سے جنہیں تم نے کبھی ''لبریزِ بے خودی'' اور ''رنگینیِ نگاہ کا ساغر'' کہا تھا۔ حالانکہ وہ اُس وقت بھی ''لبریزِ مایوسی'' اور

''غمگینیِ نگاہ کا ساغر'' تھیں۔ آہ! اِن آنکھوں سے دو آنسو۔ دو خون آلود آنسو بہا کر۔ میں تم سے اپنی داستانِ سوز و درد بیان کر دیتا کیونکہ اِس مکر و فریب کی دنیا میں آنسوؤں سے زیادہ سچّا، اعترافِ محبّت کوئی نہیں، کوئی نہیں ہو سکتا۔ مگر آہ! تم کہاں؟ ہو تو مگر میرے پاس کہاں۔۔۔۔؟ میرے نصیب میں کہاں؟ میرے مقدّر میں کہاں؟:-

اب تو جینے کی تمنّا دلِ مضطر میں نہیں
وہ یہ کہتے ہیں کہ ہم تیرے مقدّر میں نہیں

آہ!۔ دُنیا!۔ ظالم دُنیا۔ تُو بظاہر کتنی دلچسپ۔ کس قدر دلفریب، کس قدر خوش نما ہے۔ مگر حقیقت میں کتنی تلخ۔ کس قدر ناگوار۔ کس درجہ نفرت انگیز ہے۔ صحرائے عدم کی ہزار ہا دشوار گزار اور تاریک منزلیں طے کر کے ارواحِ معصوم کے لاکھوں کارواں آتے ہیں اور تیری سراب آسا، فریب آرا، طلسم کاریوں اور بہشت زاریوں سے دھوکا کھا کر۔ تیری نظر فریب تفرّج گاہوں کے دامن میں خیمہ زن ہو جاتے ہیں۔ حسرت وارمان کی لاتعداد بستیاں بساتے ہیں۔ اُمید و آرزو کے بے شمار قصر تیار کرتے ہیں اور جذباتِ اُمّید و کامیابی کے ہزار ہا خُلد زار آباد کرتے ہیں۔ مگر آہ!۔ تیری بے وفائیاں، تیری ستم آرائیاں، بے دردیاں، کج ادائیاں، بیک جنبشِ نظر اُن کے شیرازۂ جمعیت کو پریشان، اُن کے ارمانوں کی بستی کو برباد، ایوان ہائے آرزو کو منہدم اور اُن کی اُمیدوں کے خُلد زاروں کو تباہ کر کے۔ غارت کر کے رکھ دیتی ہے۔ اور بالآخر وہ ویرانہ زارِ عدم کی خوفناک تاریکیوں اور مہیب ظلمتوں میں دفن ہو جاتے ہیں۔ آہ!۔ ہمیشہ کے لیے زندہ دفن ہو جاتے ہیں۔۔۔۔ ہائے تُو کتنی ظالم ہے، کس قدر بے وجدان ہے، کس درجہ سفّاک ہے۔ وہ شاعر بڑا ہی جھوٹا تھا جس نے تجھے بہشت کا خطاب دیا تھا۔ تُو تو ایک دوزخ ہے جس میں بے حسی و بے کیفی، بے رحمی و بے دردی کے ہزاروں خوفناک اور موذی و مہلک منظر

پرورش پاتے ہیں۔ تُو تو ایک مقتل ہے۔ جس میں روزانہ ہزار ہا جذبات کے گلے پر کُند چھُری پھیری جاتی ہے۔ تُو تو ایک مدفن ہے جس میں ہر لمحہ ہزاروں دل کی جوانمرگ تمنّاؤں کے جنازے آتے ہیں اور بغیر تجہیز و تکفین کے سپردِ خاک کر دیئے جاتے ہیں۔ نہ تیرے ظلم و ستم کا ہاتھ فاتحہ کو اُٹھتا ہے اور نہ تیری جہنّم فشاں آنکھوں کو سرِ مزار شمع روشن کرنے کی توفیق ہوتی ہے۔ میں نفرت کرتا ہوں! او! قتل گاہِ افکار! او شہادت زارِ جذبات۔ او مزارستانِ آرزو! دنیا! میں تجھ سے نفرت کرتا ہوں، ہزار بار۔ آہ لاکھ بار نفرت کرتا ہوں۔ لعنت بھیجتا ہوں۔

اور تُو بھی سُن لے۔ او فطرت، او بے رحم، بیدرد فطرت تُو بھی سُن لے کہ میں اپنی تمام ترین تلخ نوائیوں، درد مندیوں اور نالہ سرائیوں کے ساتھ تیرا گلہ مند ہوں۔ میں جانتا ہوں کہ تُو میرے دل و دماغ کے ساتھ مذاق کر رہی ہے۔ آہ!۔ ایک نہایت ہی بیدردانہ مذاق۔ ایک نہایت ہی بے رحمانہ کھیل کھیل رہی ہے۔ مجھے معلوم ہے کہ حسن و عشق تیرے ازلی و ابدی مشغلے ہیں۔ جب تو اپنے آسمانی ہنگاموں سے اُکتا کر۔ تھک کر۔ کوئی کھیل کھیلنا چاہتی ہے تو کسی بدنصیب کے دل میں عشق پیدا کر دیتی ہے۔ اور پھر جب تیرا یہ کھیل۔ تیرا یہ مذاق شروع ہوتا ہے۔ تو تُو مسکراتی ہوئی نگاہوں سے۔ اُن مظاہروں کو، آہ اُن ظالمانہ مظاہروں کو دیکھتی ہے۔۔۔ اور دیکھتی رہتی ہے۔ کوئی روتا ہے تو مسکراتی ہے۔ کوئی فریاد کرتا ہے تو مزے لیتی ہے۔ کوئی آہیں بھرتا ہے۔ تو سُنتی ہے۔ سُنتی ہے اور خوش ہوتی ہے۔ مگر ظالم۔ اِتنا تو کہہ دے۔ کہ کیا تیری اِس قدر وسیع خدائی میں تجھے میرے سوا کسی اور کا دل نہیں ملا؟ جو تیری ستم ظریفیوں کا۔ اُن کی تشنگی کا علاج مہّیا کرتا؟ اور جس کا رقصِ بسمل تیری ستم خند نگاہوں کے لئے لطفِ تماشا ثابت ہوتا؟

آہ!۔ مجھے اتنا تو بتلا دے کہ آخر تیرا یہ بے رحمانہ کھیل کب تک جاری رہے گا؟ تیرا

یہ بے دردانہ مذاق۔ میرے دل و دماغ سے۔ میرے نادان جذبات سے کب تک کھیلتا رہے گا؟ میرے حسّیات کو کب تک مجروح کرتا رہے گا؟ کب تک میری راتوں کو تباہ اور میری نیندوں کو غارت کرتا رہے گا؟ ہلاک کرتا رہے گا؟ مگر آہ!۔۔ کیا تو سُنتی ہے ؟ ہجومِ جذبات کا سیلِ بے اختیار مجھے کہاں سے کہاں کھینچ لے گیا؟ اور تم۔ میری پ۔ یا۔ ر۔ ی۔ میری۔ جا۔۔۔ ن۔ میری جانِ آرزو۔ میری آرزوئے جان۔ تم اِن وحشت نگاریوں سے گھبرا رہی ہو گی مگر اِس میں میرا قصور نہیں۔ طوفانِ جذبات کی یہ بے اختیاری اور امواجِ خیالات کا یہ ہجوم۔ تمہاری ہی چھیڑ چھاڑ کا۔ تمہاری ہی عرضِ مدّعا کا نتیجہ ہے:۔

پُر ہوں میں شکووں سے یوں راگ سے جیسے باجا
اِک ذرا چھیڑیئے پھر دیکھئے کیا ہوتا ہے ؟

میں غالب کے اِس شعر میں صرف اِس قدر ترمیم چاہتا ہوں کہ میرا دل خود اِک ساز ہے۔ مگر کیسا ساز کہ اِس میں نغمے نہیں۔ بلکہ نغموں کی جگہ شکوے بھرے ہیں۔ ایسے شکوے کہ جس کی طوالت۔ تمہاری مُشکبار زلفوں سے بھی زیادہ ہی ہو گی اور اس قدر دردناک کہ خُدا جانتا ہے۔ آہ!۔ میں اُن کا خیال کر کے بھی رو پڑتا ہوں:۔

جورِ اعدا کے گلے، تیری جُدائی کے گلے
اس دلِ تنگ میں ہیں ساری خُدائی کے گلے

ہائے!۔ میں اِن گلوں کو۔ اِن شکووں کو۔ اِن شکایتوں کو کیونکر بیان کر سکوں گا؟

دنیا میں کس سے کیجے ؟ اُس شوخ کی شکایت
کیونکر سُنائیں گے ہم، یہ دکھ بھری حکایت

اِن بے پایاں شکایتوں کا عنوان، خود یہ شکایت ہے کہ تم نے کبھی بھی میری

"شکایت ہائے رنگین" سُننے کی کوشش نہیں کی۔ اُف میری کس قدر عزیز آرزو تھی۔ کس درجہ صمیمی حسرت تھی؟ کہ مجھے کبھی نہ کبھی تمہارا التفاتِ محبّت۔ تمہارے قدموں تک ضرور پہنچا دے گا۔ کبھی نہ کبھی میں تمہارے پائے نازنیں پر۔۔۔۔ سر رکھنے کی۔ بوسے نچھاور کرنے کی۔ سجدے لُٹانے کی۔ فردوسی۔ آہ! ملکوتی مسّرت ضرور حاصل کر لوں گا۔ آہ!۔ تم سے دُور۔ تم سے مہجور۔ تمہارے خیال۔ ہاں تمہارے بہشت ساماں خیال پر۔ میں نے اپنے عہدِ شباب کی بیسیوں سرشار راتیں قربان کر دیں۔ تمہاری جُدائی میں۔ تمہاری یاد۔ آہ! تمہاری حسین یاد پر۔ میں نے اپنی راتوں کی ہزاروں پُر لطف اور مزیدار نیندیں نثار کر دیں۔ اِس اُمید میں کہ ایک نہ ایک دن میری راتوں کا کوئی جزو۔ میری نیندوں کا کوئی حصّہ۔ تمہارے آستانِ جمال پر "خوابِ زلیخا" کا ہمدوش تم سے ہم آغوش نظر آئے گا۔ مگر تقدیر۔ آہ!۔ ظالم تقدیر نے تمام دلی حسرتوں کو۔ آہ! میری اُن حسرتوں کو جنہیں میں نے۔ اپنے شعرستانِ شباب میں، اپنے بہارستانِ افکار میں۔ اپنے نغمہ زاروں میں۔ اپنے نکہت آبادِ روح میں۔ خونِ جگر کے آنسوؤں اور سازِ دل کے نالوں سے پرورش کیا تھا۔ تباہ کر دیا۔ غارت کر دیا۔ آہ!:-

دل کی دل ہی میں رہی بات نہ ہونے پائی
ایک بھی اُن سے ملاقات نہ ہونے پائی

ہائے! میری کس درجہ محبوب و مطلوب اُمید تھی۔ کہ کبھی میری شب ہائے آرزو کی صبح کامرانی طلوع ہو گی۔ ظلمتِ انتظار اور تاریکیِ فراق کے مہیب اور تیرہ و تار بادلوں میں سے۔ میری قسمت کا۔ میری مُسرّت کا۔ میری آرزو کا۔ آفتابِ جہانتاب جلوہ ریز ہو گا۔ موانع کے پُر شور طوفان چھٹ جائیں گے۔ رکاوٹوں کی ہولناک موجیں مٹ جائیں گی اور اُن کے تاریک دامنوں سے۔ میری راحتِ زندگی کا۔ گوہرِ شب چراغ ضیا بار ہو گا۔

یاس کی فصلِ خزاں ختم اور نا امیدی کی بادِ سموم خاموش ہو جائے گی اور میں۔۔۔۔ اپنے گُل کدۂ حیات میں۔ عروسِ بہار کو باہزاراں ہزار رعنائی و برقائی۔ تبسّم ریز پاؤں گا۔ خندہ بار دیکھوں گا۔

خیال تھا۔ کہ غمہائے ہجر کا یہ عارضی۔ یہ قہر آلود ابر۔ پارہ پارہ ہو جائے گا اور اس کے آغوشِ شگفتگی سے میری شب ہائے شباب کا ستارۂ حسین بے حجاب ہو گا اور اپنی شعاعِ حُسن کی شاداب گلباریوں سے میری خزاں آباد ہستی کی ویرانیوں میں۔ بہشتی برودت۔ آسمانی برکات اور ملکوتی ندرت کی نغمہ صفت لہریں دوڑادے گا۔

مجھے کس درجہ یقین تھا کہ بربطِ دل کے وہ تار جو زنگ آلود ہو چکے ہیں۔ جو بے آواز ہو چکے ہیں۔ جن میں اب خوشی کے راگوں کی جگہ۔ دکھ بھری آہیں۔ اور مسّرت کے ترانوں کی بجائے سوز بھری کراہیں گونجتی ہوئی۔ آہ!۔ ایک دُکھیا بھکارن کے حُزن آلود گیت کی طرح۔ روتی ہوئی۔ پیٹتی ہوئی۔ سُنائی دیتی ہیں۔ اب از سرِ نو شادابِی موسیقی سے گویا اور شگفتگیِ نغمہ سے لبریز ہو جائیں گے اور ایک بار پھر اُن کے سنسان دامنوں میں۔ اُن کے ویران پردوں میں۔ روحِ طرب کے حسین و شیریں نغمے لہرانے۔ لگیں گے لیکن واحسرتا کہ یہ سب کچھ ایک خواب تھا۔ آہ!ایک دردناک خواب۔ ایک سراب تھا۔ آہ!ایک غمناک سراب۔

دُور۔۔۔۔ سے آنے والی صدا بہت خوش آہنگ تھی۔ مگر پاس جا کر سُنا تو سراسر بے رنگ۔ ایک پھول تھا کہ دامنِ شاخسار میں۔ نہایت حسین و خوشگوار نظر آتا تھا۔ لیکن توڑ کر دیکھا تو نوکِ خار!۔

آہ!ایک گوہرِ آبدار تھا۔ مگر کس قدر فریب دہ کہ نگاہِ یقین کے قریب پہنچ کر سنگ ریزہ بن گیا۔

تم! میری مسجودِ افکار۔ میری پرستیدہ اشعار۔ تم اندازہ تو کرو۔ ہائے میری مایوسیوں کی دلگدازیوں کا۔ میری ناکامیوں کی روح فرسائیوں کا اندازہ تو کرو۔ تم دیکھتی ہو، بے رحم تقدیر۔ بے درد قدرت۔ میرے ساتھ۔ میرے جذباتِ تمنّا کے ساتھ۔ کس درجہ سّفاکانہ تمسخر کیا جا رہا ہے۔ تُم سے۔ ہائے! تم سے محروم ہونا۔ تمہاری ملکوتی ہستی کی رعنائیوں سے۔ تمہاری قابلِ پرستش دیویت کی۔ آہ!، صنمیّت کی دلربائیوں سے محروم ہونا۔ ہائے یہ کتنا دلگداز، کس قدر جاں خراش۔ کس درجہ مہیب و مہلک حادثہ ہے ؟ آسماں اپنے ستاروں سے کیوں محروم نہیں ہو جاتا؟ بہشت اپنی حوروں سے کیوں خالی نہیں ہو جاتی؟ دُنیا اپنے گُلہائے زندگی سے کیوں تہی دامن نہیں ہو جاتی؟ کہہ دو کہ آسمان کے ستارے غارت ہو جائیں۔ اُن کی نورانی شعاعیں تباہ ہو جائیں۔ کیونکہ میں بھی اپنا ستارۂ قسمت کھو بیٹھا۔ اُس کی شعاعِ حُسن سے محروم ہو بیٹھا۔ کہہ دو کہ بہشت کی حوریں کھو جائیں۔ گم ہو جائیں۔ کیونکہ میں بھی اپنی جوانی کی حور کو گنوا چکا۔ اُس سے ہاتھ دھو چکا۔ کہہ دو کہ دنیا کے گُلہائے زندگی کمہلا جائیں۔ اُن کے رنگ و بو کا سہاگ لُٹ جائے کیونکہ میری مسّرتِ حیات کا پھول بھی کمہلا گیا۔ اُس کے رنگ و بو کا سہاگ لُٹ گیا۔ کہہ دو کہ یہ سب۔ ہاں یہ سب کے سب اپنی تباہ حالیوں کا ماتم کریں، سوگ منائیں۔ کیونکہ اُن کا شاعر اُن کے سازِ رنگیں کے تاروں پر۔ نغموں کی جگہ اپنی روح چھڑ کنے والا شاعر بھی آج اپنی تباہ حالی کا ماتم کر رہا ہے۔ سوگ منا رہا ہے۔ ایسا ماتم کہ جو زندگی بھر ختم نہ ہو گا۔ اور ایسا سوگ جو قیامت تک جاری رہے گا:-

روز و شب رویا کئے شام و سحر رویا کئے
کچھ نہ روئے آہ گر! ہم عمر بھر رویا کئے

شاعر۔ آہ!۔ او بدنصیب شاعر۔ تُو کس قدر بدنصیب ہے۔ کہ فطرت کی ستم ظریفی

تجھے شراب کی جگہ زہر پلا رہی ہے۔ شباب کی جگہ موت دے رہی ہے۔ تُو کتنا بد قسمت ہے کہ تجھے پھول کی جگہ خار اور ہیرے کی جگہ کنکر دیا جا رہا ہے۔ خدا ہی جانتا ہے کہ او بدنصیب۔ قابلِ رحم بدنصیب۔ تُو نے وہ ایسا کون سا گناہِ عظیم کیا ہے؟ جس کی پاداش میں۔ تجھ پر تمام دُنیوی مسرّتوں کا دروازہ بند کیا جا رہا ہے۔ تجھ پر خدائی بھر کی مسرّتیں حرام کی جا رہی ہیں اور تیرے لئے جیتے جی جہنم کا آتش ناک عذاب مہیّا ہو رہا ہے۔

اُف! بدنصیب۔ آسمان نے اپنا حسین ترین۔ روشن ترین۔ ستارہ تجھے بخشا تھا۔ مگر۔ تیری شومیِ قسمت۔ کہ وہ تجھ تک پہنچنے سے پہلے اُفق کی دھندلی رنگینیوں میں کھو گیا۔ بہشتِ بریں نے اپنا نازک ترین۔ خوش رنگ ترین پھول۔ تجھے عنایت کیا تھا۔ مگر تیری بد قسمتی۔ کہ وہ تجھے ملنے سے پہلے فضا کی نامعلوم وسعتوں کے دامن میں غائب ہو گیا۔ آہ! فطرت نے اپنے الہاتی طلسم کا۔ ایک نفیس ترین۔ ایک نادر ترین تحفہ بھیجا تھا۔ مگر۔ افسوس۔ تیری کوتاہِ تقدیر۔ کہ وہ محرومی و مایوسی کے اتھاہ ساگر میں ڈوب گیا۔ غرق ہو گیا۔ وہ شرابِ رنگین جو تیرے ساغرِ حیات کا حصّہ تھی۔ اغیار کے پیمانوں میں چھلکنے والی ہے۔ وہ نغمۂ حسین۔ جو تیرے سازِ ہستی کے لئے مختص تھا۔ دشمنوں کے سازِ مسّرت میں لہرانے والا ہے۔ گونجنے والا ہے:-

تڑپ رہا ہوں، میں نیم بسمل، عدو کی حسرت نکل رہی ہے
ہے نام جس کا شبِ تمنّا، وہ آج آنکھیں بدل رہی ہے

اُف! اُف! عمر بھر کی اُمیدوں کا خاتمہ۔ زندگی بھر کی مسّرتوں کی بربادی۔ دل کی عمیق ترین آرزوؤں کی تباہی۔ غارتگری۔ ہائے یہ صدمۂ عظیم۔ یہ عذابِ الیم۔ کیونکر برداشت کیا جا سکتا ہے؟

''مسیحا'' بن گیا ہے رشک دشمن

نہیں تو مر گئے ہوتے کبھی کے

آہ! مدّتِ دراز سے میں۔ ایک خواب دیکھ رہا تھا۔ ایک نہایت ہی دلفریب، نہایت ہی دلچسپ خواب۔ دُنیا۔ اِس وجدان فراموش دنیا کے حیوانی۔ نفسیانی۔ شور و غل سے دُور۔ ایک پُر سکون۔ نشۂ روحی سے لبریز۔ ایک چمن زار کِھلا ہوا تھا۔ مسّرتوں کے رنگارنگ پھولوں سے معمور۔ حلاوتِ زندگی کی کیف ریز نگہتوں سے مخمور۔ عشق و محبت کی روشن فضاؤں میں۔ لطف و عیش کی مستانہ ہواؤں میں۔ میری حیاتِ عشق ساماں۔ کا ایک ستارہ تھا۔ کہ محوِ گل گشت نظر آتا تھا۔ اُس کے ساتھ تمہاری رعنائی۔ تمہاری زیبائی کا ایک ناہید فریب ستارہ جس کی مسکراتی ہوئی شعاعیں۔ میرے ستارۂ حیات کی ہلکی ہلکی روشنی سے ہم آغوش تھیں۔ آہ!۔ کس قدر شیریں خواب تھا کہ میرا دل چاہتا تھا۔ میری آنکھیں ہمیشہ یہی خواب دیکھتی رہیں۔ اور بس دیکھتی رہیں۔ اب بھی۔ آہ!۔ اب بھی کہ میرا یہ خوابِ اُمید۔ پریشان ہو چکا ہے۔ اب بھی۔ اکثر اوقات آنکھیں بند کر لیتا ہوں۔ اور چاہتا ہوں کہ اپنی خیال آرائیوں کے آئینہ میں ایک بار پھر اس پیاری تصویر کو دیکھ لوں۔ مگر اب کیا دیکھتا ہوں کہ دونوں ستاروں کے بیچ میں ایک تاریکی۔ ایک ظلمت کی لامتناہی خلیج حائل ہے۔ جس کی سیاہ موجیں ہمیں ایک دوسرے سے دُور۔ ایک دوسرے کے دیدار سے مہجور۔ محروم کر رہی ہیں۔ یہ دیکھ کر میں ایک زہرناک۔ ایک سوزناک لہجہ میں چیخ اُٹھتا ہوں:۔

آسماں اور زمیں کا ہے تفاوت ہر چند
او پَری دور ہی سے چاند سا مکھڑا دِکھلا

مگر آہ!۔ کہ تم میری نگاہوں سے دُور۔ نہ معلوم تاریکیوں کے دامن میں چھپ جاتی ہو۔ جذباتِ لطیفہ کی یہ غارتگری۔ محبّت پرست روحوں کی یہ بربادی۔ سب سے

زیادہ جس چیز کی گلہ مند ہے۔ وہ ہمارے والدین کی حماقتیں ہیں۔ جو بالآخر اولاد کی دائم العمر عقوبتوں کے رنگ میں ظاہر ہوتی ہیں۔ والدین کی یہ ستم آمیز حماقتیں ہمارے جاہلانہ رسم ورواج کی بے راہ روی کا نتیجہ ہیں۔ تہذیب وتمدّن کے اِس روشن ومنّور دور میں جب کہ تمام اقوامِ عالم۔ ہر ایک معاملہ میں۔ معراجِ ترقی کی شہ نشین پر نظر آتی ہیں۔ ایک خفتہ بخت۔ اور جاہل قوم ہندوستان کی ہے۔ جو اَبھی تک ذلّت و بدبختی کے تحت الثّریٰ میں۔ کروٹ بدل رہی ہے۔ ہماری معاشرت کے دامن پر سب سے زیادہ نمایاں داغ جو ہماری بدنصیبیوں کی تکمیل کی مُہر بنا ہوا ہے۔ والدیؔن کا وہ ناجائز اختیار ہے جو اُن کو اپنی ہوشمند اولاد کے ازدواجی معاملات میں حاصل ہے۔۔۔

اُن کا یہ غیر آئینی۔ غیر اُصولی۔ غیر شرعی اختیار ہے جو پچاس فیصدی ہندوستانی نوجوانوں کی زندگی کو ناقابلِ برداشت۔ موت سے زیادہ ناقابلِ برداشت بنا دیتا ہے۔ اُن کے قوائے عمل کو تباہ۔ اُن کے جذباتِ لطیفہ کو زنگ آلود۔ اُن کی تندرستی کو داغدار اور اُن کے روحِ شباب کو بیمار کر دیتا ہے۔ اِس نیلگوں آسمان کے لامتناہی سایہ کے نیچے۔ اِس سر سبز زمین کے غیر مختتم فرش پر روزانہ کتنے دل ایسے ہیں جو والدین کی اِس قسم کی جابرانہ حماقتوں کا شکار ہو کر۔ خاک وخون میں لوٹتے نظر آتے ہیں۔ کتنے رقیق وصمیم جذبات ہیں جو والدین کے ظالمانہ اختیار کی اُلٹی چھری سے چپ چاپ ذبح ہو جاتے ہیں۔ اور دم نہیں مارتے۔ کس درجہ لطیف ونازک افکار ہیں۔ جو والدین کے اِس ملعون۔ اِس وحشیانہ۔ اِس شیطانی اختیار کے مذبح میں۔ مقتل میں۔ ہر وقت۔ ہر لمحہ ہلاک ہوتے رہتے ہیں۔ اور اُن کا رقصِ بسمل۔ دُنیا کی فریب خوردہ نگاہوں میں عیش ومسرّت کا معمار بنا رہتا ہے۔

اگر تم مجھے مل جاتیں۔ اگر میں تمہیں پالیتا۔ آہ! کتنا حسین۔ کس درجہ شاندار تخیّل

ہے کہ میں اُس کے ایک ہلکے سے تصوّر میں مر جانا ہی معراجِ زندگی سمجھتا ہوں۔ تمہارے پاس۔ آہ!۔ تمہارے ساتھ رہنا۔ ہائے یہ کیسی عظیم الشّان۔ کس قدر خوبصورت زندگی تھی۔ جس کا تصوّر۔ جس کا دلگداز تصوّر۔ آج میرے دل سے فریادوں کا۔ میری آنکھوں سے آنسوؤں کا طلب گار ہے۔ تم دیکھتی ہو۔ میں رو رہا ہوں۔ میری آنکھیں سیلابِ درد بہا رہی ہیں۔ مگر ہائے۔ اب تمہارا دامن میرے آنسو کیوں نہیں پونچھتا۔ ؟۔ آہ!۔ کیا اب تمہارے دامن کی رنگینیوں پر۔ میری آنکھوں کا۔ میری رونے والی آنکھوں کا کوئی حق نہیں رہا۔ ؟؟ اُف! میں یہ محسوس کرتا ہوں۔ اور کیا کہوں ؟ کس درجہ قلبی اذیّت۔ اور روحی کرب کے ساتھ محسوس کرتا ہوں۔ ؟ کاش کہ تم سمجھتیں۔ سمجھ سکتیں۔ تمہاری ہستی کی معصوم رنگینیوں میں کھو کر۔ تمہاری شباب کی دوشیزہ رعنائیوں سے مخمور ہو کر میں کیا کر سکتا تھا؟؟ یہ آہ! یہ وہ نشتر ہے جو میرے جذبات کی نزاکتوں کو مجروح اور میرے قلب وروح کی لطافتوں کو ذبح کیے ڈالتا ہے۔ اگر تم میرے نصیب میں ہوتیں۔ تو کیا اس نفسانیت زارِ ارض میں کوئی مجھ سے زیادہ خوش نصیب ہو سکتا تھا۔ ؟

اگر تم مجھے مل جاتیں۔ تو کیا دنیا بھر کے ادب و شعر کی محفلوں میں آج میرا کوئی حریف نظر آسکتا تھا۔ ؟ آہ! تمہاری حسین معیّت میں، تمہاری رنگین محبّت میں۔ میرے خیالات۔ میرے ارادے۔ کس درجہ بلند۔ کس قدر باوقار ہو سکتے تھے ؟

زندگی کا یہ چھوٹا سا گھروندہ۔ جسے دنیا کہتے ہیں۔ ایک حقیر شے ہے۔ میں چاند اور سورج کو آپس میں ٹکرا دیتا۔ جنوب کو شمال سے اور مشرق سے مغرب کو ملا دیتا۔ زمین کو آسمان سے اور آسمان کو زمین سے بدل دیتا۔ آہ! میں کیا کچھ نہ کرتا۔ ؟ تمہیں پالینے کے بعد میں کیا کچھ نہ کر سکتا تھا؟ ہماری "مشترک زندگی" دنیا کے افسانہ ہائے حُسن و عشق میں ایک زندۂ جاوید افسانہ کا اضافہ کرتی۔ یونانی علم الاصنام کا نیا حاشیہ لکھا جاتا۔ قیس و

فرہاد کی داستان ہائے معاشقہ از سر نو مرتّب ہوتیں۔ اور خدا کی خدائی میں پہلی بار۔ ایک پُر سُرور مسّرت و خوش نصیبی کی صبح طلوع ہوتی۔ ہم دنیا بھر کے ادیبوں اور شاعروں کا موضوعِ افکار بنتے اور سراب آبادِ ہستی کے اختتامی لمحات تک بنے رہتے۔ ہم اپنے ادبی رنگوں کو بھی پروان چڑھاتے۔ اللہ! کیسا دلفریب منظر ہے۔ تم میرے سامنے بیٹھ جاتیں۔ اور میں مصوّر کی طرح اپنا خوبصورت قلم اُٹھالیتا۔ تم میرے جذباتِ محبت کا۔ پیار بھری نظروں سے مطالعہ کرتیں۔۔ اور۔۔۔۔ اُن کو! اِس طرح ہم دونوں مِل جُل کر اُردو ادب کو ستاروں کی طرح حسین پھولوں کی طرح رنگین۔ خیال کی طرح الہامی۔ اور خوابِ فردوس کی طرح خوشگوار بنادیتے۔

تم ہر لحہ۔ میری محبّت پاش نگاہوں سے ہم آغوش رہتیں۔ بہشت کے پھول توڑ کر۔ تمہارے لیے اپنے ہاتھ سے۔ ایک قصرِ رنگین تیار کرتا۔ آسمان کے ستارے چھین کر۔ اُس میں فرش بچھاتا۔ چاند سے دربانی کا کام لیتا۔ آفتاب کو فانوس بناتا۔ زہرہ۔ تمہیں لوری دینے کو نغمہ طرازی کی خدمت پر مامور ہوتی۔ کوثر و سلسبیل کی لہریں تمہاری تفرّج گاہ میں تمہاری شب رنگ زلفوں کی طرح لہراتی نظر آتیں۔ اور میں۔ آہ!۔ میں دن رات تمہارے حسن و جمال کی شان میں شعر کہتا۔ اور کہتا رہتا۔ صبح و شام تمہاری صنمیّت کے حضور میں سجدے کرتا اور کرتا رہتا۔ ہماری زندگی ایک نغمہ کی طرح گزرتی۔ ہم اپنے مشترک سازِ حیات پر صنمِ محبّت کی الوہیت کے راگ گاتے۔ خدائی بھر کی فضائیں۔ ہماری پُرسوز ملکوتی لے سے سرشار ہو جاتیں۔ ہوائیں ہماری فردوسی۔ ہماری بہشتی ترانوں سے مدہوش نظر آتیں۔ ہم ایک کیفِ سرمدی۔ ایک نشۂ معنوی میں مست اپنی اِلہامانہ نغمہ سرائیوں میں محو۔ اپنی نغمہ سرائی کی بہشتِ رنگ و بو میں کھوئے رہتے اور بالآخر ہمارا ساز تھک جاتا۔ ہمارے نغمے مدّھم پڑ جاتے۔ تب ہم دو بلبلوں کے آخری راگ کی طرح۔

ایک دوسرے کی ہستی میں گم۔ ایک نامعلوم روحانی سرزمین کی طرف پرواز کر جاتے۔ ایک آخری پرواز۔ مگر۔ مگر۔ ہائے! کیا یہ محض ایک خواب تھا۔؟؟ جو میرے بہارستانِ دماغ۔ میرے شعرستانِ شباب کی نگاہوں میں چھلکا اور بالآخر۔ ایک آنسو بن کر ٹپک پڑا؟؟؟

آہ! میں روتا ہوں۔ اپنے نصیبوں کو روتا ہوں۔ اپنی مسرّتوں کو روتا ہوں۔ آج میرا دل ٹوٹ گیا ہے۔ میرا دماغ ویران ہو گیا ہے۔ میرے جذباتِ شباب ذبح ہو گئے ہیں۔ میں رو رہا ہوں۔ اور ہمیشہ روتا رہوں گا۔ آہ! تمہاری محبّت میں مبتلا۔ تمہاری محبت سے محروم۔ ایک نامعلوم وقت تک روتا رہوں گا۔ لو۔ دیکھو۔ میری جان۔ میری سب کچھ۔ یہ ہے میرا اعترافِ محبّت پہلا اور۔ اگر تم نے ستم پیشگی اختیار کر لی تو آخری۔۔۔ اعتراف اور۔۔۔ اِس کے بعد۔ اب میں تمہیں پہلی مرتبہ بتلانا چاہتا ہوں۔ کہ تم نے اپنے پچھلے خطوں میں میری ’’بے رحمی‘‘۔ ظلم و تغافل‘‘ کی جو جو شکایتیں کی ہیں۔ وہ حقیقت میں خود تمہاری ہی ستمگری و جفا پیشگی کی شاہد ہیں۔ آہ! جب کہ میں پہلی مرتبہ اپنے زبان و قلم کو آزاد پاتا ہوں۔ میں تم سے درخواست کرتا ہوں۔ یہ ثابت کرنے کی کہ شروع سے لے کر اب تک ایک بھی قصور۔ ایک بھی جُرم ایسا ہے؟ جو مجھ سے دانستہ یا نادانستہ سرزد ہوا ہو؟ اور پھر اس کے بعد اگر تم اجازت دو گی۔ تو میں یہ ثابت کروں گا کہ شروع سے لے کر آج تک تم نے جس جس طرح مجھے ستایا ہے۔ جس جس انداز میں میری محبّت کے ساتھ بیدردانہ سلوک کیا ہے۔ جس جس ادا سے میرے جذبات کو ٹھکرایا اور میرے دل کو رنج پہنچایا ہے وہ کس حد تک تمہاری ظلم پیشہ فطرت۔ تمہاری جفا خوگر طبیعت اور تمہارے بے رحم دل کی ستم شعاریوں کے آئینہ دار ہیں۔؟ آہ!۔ ایک مظلوم کو ظالم کہنا۔ ایک فریادیِ تغافل کو۔۔۔ ’’تغافل شعار‘‘ لکھنا۔ ایک شکوہ سنجِ بے نیازی کو

بے نیازِ محبّت کا خطاب دینا۔ اگر تمہاری شوخیِ ستم کے مذہب میں روا ہے تو کچھ شک نہیں کہ میرے جرائم کی فہرست بے انتہا ہے۔ ورنہ اگر تمہاری محبت۔ منصف مزاج ہے تو میں اپنی متالّم روح کی تمام تر درد مندیوں کے ساتھ عرض کرتا ہوں کہ تم ایک بات بھی ایسی نہیں بتلا سکتیں جو میرے سوز و گدازِ عشق کے دامنِ مریمی کی آلودگی کا باعث ہو:-

لو ہم تمہارے سر کی قسم کھائے جاتے ہیں

میں دیکھتا ہوں کہ تم نے اپنے تازہ خط میں بھی (جس کے انتظار میں میرا دل ہی جانتا ہے جس قدر مجھے تکلیف اُٹھانی پڑی) اُسی قسم کا ایک اور نشتر صرف کیا ہے۔ تم نے لکھا ہے کہ میں تمہارے جھوٹ موٹ کے آنسوؤں سے نہیں سچ مچ کے آنسوؤں سے متاثر ہو کر تمہارے خط کا جواب دوں۔ قطع نظر اِس بات کے کہ خدا جانے ظالم کون ہے اور مظلوم کون؟ خط کے جواب میں کون غفلت برتتا ہے؟ اور کون نہیں؟ مجھے شبہ ہے کہ تمہاری آنکھوں میں آنسو ہے بھی۔؟ آہ! مجھے معاف کرو۔ میری تلخ نوائی کو بخش دو۔ محبت کی مایوسی نے مجھے دیوانہ کر دیا ہے:-

رکھیو غالب مجھے اِس تلخ نوائی میں معاف

آج کچھ درد مرے دل میں سِوا ہوتا ہے

ہائے! اگر تمہاری آنکھیں۔ تمہاری غزالیں آنکھیں۔ آنسو پیدا کر سکتیں تو آج میرے دردِ محبت کے نصیب میں سوزِ فراقِ دائمی کی کھٹک کیوں ہوتی۔؟ اگر تمہارے آنسو۔ تمہارے "خونِ جگر" سے آشنا ہونا جانتے، تو آج میرے زخمِ جگر کو دوا کا رونا کیوں ہوتا؟ آج مجھے تمہاری بے التفاتیوں کا گلہ مند کیوں ہونا پڑتا؟ وہ آنکھیں جنہوں نے میری ایک نظم کو "حسین" تو سمجھ لیا۔ مگر جن سے اُس نظم کے مقصودِ شعری اور مطلوبِ فکری کا جواب نہ دیا گیا۔ آہ! وہ آنکھیں جن کو اپنی جھلک۔ اپنی ہلکی سی جھلک کا نقصان گوارا نہ

ہوا۔ میں کیونکر یقین کروں؟ کہ وہ آنکھیں میرے لیے "سچ مچ کے آنسو" ٹپکا سکتی ہیں؟ البتہ یہ ہو سکتا ہے کہ اِن آنسوؤں کا راز غالب کے اِس شعر میں پنہاں ہو:-

کی مرے قتل کے بعد اُس نے جفا سے توبہ
ہائے اُس زُود پشیماں کا پشیماں ہونا
ع حکایت ہے یہ کچھ شکایت نہیں

تم نے لکھا ہے کہ تم اِس کے بعد پھر کبھی مجھے اِس قسم کی ناگوار تکلیف نہ دو گی۔ دوسرے الفاظ میں یہ۔ کہ، آئندہ مجھے خط نہ لکھو گی؟ یعنی اب ہمیں ایک دوسرے سے بالکل محروم ہونا چاہیے۔ بہت اچھا۔ یونہی سہی۔ لیکن خدارا میرے اقوال پر عمل پیرا ہونے کا بہانہ تو نہ بناؤ۔ صاف کیوں نہ کہہ دو کہ:-

--------نہیں آپ سے کچھ کام ہمیں
آپ بھیجا نہ کریں عشق کے پیغام ہمیں

دیکھتی ہو۔ میری پیشگوئی کس طرح پُوری ہو رہی ہے؟ حالانکہ میرا وہ خط جسے تم نے 'فلسفیانہ'' کہا تھا اور جس کے اقوال پر آج تم یوں عمل پیرا ہونے کو آمادہ ہو۔ محض ایک قسم کی شوخی تھی اور اس شوخی میں ایک "پُرراز" مجبورانہ طرزِ عمل پنہاں تھا۔ بہر کیف کیا میں پوچھ سکتا ہوں کہ تمہیں اُس خط کی شرارت آمیز متانت سے دھوکا کھانے کی کیا ضرورت تھی؟

باایں ہمہ میں کہتا ہوں کہ اگر تم اِس سلسلہ سے اُکتا گئی ہو اور میری نام نہاد محبت سے تھک گئی ہو تو تمہیں میرے کسی شوخ خط کو متانت سے لبریز دیکھ کر "جدائی" کا بہانہ بنانے کی ضرورت نہیں۔ بلکہ تم بغیر لحاظ و مروّت کے نہایت آزادی اور اطمینان کے ساتھ یہ فیصلہ کر سکتی ہو کہ تم "آئندہ" مجھ سے نہ "بولو گی"۔ گو کہ میرے لئے تمہیں

بھول جانا۔ آہ!۔ کوششوں کے باوجود تمہیں بھُلادینا۔ ممکن نہیں۔ کہ یہ میرے شباب کی آخری بہار کے خوابِ سوگوار ہیں۔ تاہم میں یہ کر سکتا ہوں کہ آئندہ تحریری، تصویری غرض کسی صورت میں بھی تمہارے سامنے نہ آؤں۔ تم مطمئن رہو۔ یہ کوئی دشوار بات نہیں ہے۔ میں اپنی خیالی تاریکیوں کے دامن میں۔ تمہاری محبت کی شمع روشن کروں گا۔ تم سے مہجور۔ تمہاری شیریں یاد کو۔ اپنے نہاں خانۂ افکار میں پرورش کروں گا اور تمہارے فراق میں۔ تمہاری تصویرِ تصوّر کو۔ اپنے سینے سے لگائے رکھوں گا۔ غرض جس طرح گزرے گی، گزار لوں گا اور ہستیِ مستعار کے آخری لمحہ تک گزار لوں گا۔ یوں بھی تمہاری "محبت" کی "رحمدلی" نے مجھ پر ایسی کون سی نوازشیں کی ہیں جن کو یاد کر کے میں کُڑھوں گا۔ ہاں۔ ایک خط و کتابت کی "نصف الملاقات" ضرور تھی۔ تو کیا ہے ع

این ہم اندر عاشقی بالائے غم ہائے دگر

اُس ہندو لڑکی (عورت نہیں) کے معاملہ میں تم نے جو "خفگی" ظاہر کی ہے۔ اُسکی ضرورت نہ تھی۔ میں اوپر کہیں لکھ آیا ہوں کہ طلبِ ہمدردی کی درخواست محض بربنائے شوخی تھی۔ ورنہ وہ تو۔ آج دو سال گزرے کہ الہ آباد" چلی گئیں" غالباً۔۔۔ میں براجمان ہوں گی۔ اِس سلسلہ میں تم نے جو شعر لکھّا ہے وہ بھی بیکار ہو جاتا ہے مگر میری زبان سے ادا ہو تو شاید اب بھی بامعنی ہے:-

غیروں سے تم ملا کرو، ہم دیکھتے رہیں
حاشا یہ ظُلم ہم سے اُٹھایا نہ جائے گا

آہ!۔ میں کس قدر کوشش کرتا ہوں کہ اِس معاملہ کو بھُلا دوں۔ مگر کامیاب نہیں ہو سکتا۔ اللہ! میں کب تک اِس ذہنی اذیّت۔ اِس قلبی جانکنی میں مبتلا رہوں گا؟ تم نے میرا شکریہ ادا کیا ہے کہ میں اُس روز تمہاری خاطر اِس قدر تند بارش اور شدید سردی میں اتنی

دور سے چل کر تمہارے حریمِ ناز تک گیا۔ کاش کہ تم جانتیں کہ تمہاری محبت۔ آہ!۔ تمہاری محبت کے جوش میں۔ میں کہاں کہاں پہنچ سکتا تھا۔

بخدائے لایزال۔ اگر تم تک پہنچنے میں قطبِ جنوبی اور قطبِ شمالی بھی سدِّ راہ ہوتے تو میں اُن کو طے کرلیتا۔ دنیا بھر کے بحرہائے بیکراں ایک بحرِ عظیم بن کر میرے راستے میں حائل ہوتے تو بھی میں اُن کو عبور کرلیتا۔ ہمالیہ کے برابر برفستانی کُہسار کے ہزار ہا سلسلے بھی اگر مجھے تم تک پہنچنے سے مانع ہوتے تو بھی میں اُن سے گزر جاتا۔ اور اگر طلسمِ ہوشربا بھی اپنی تمام ساحرانہ وسحر کارانہ عظمتوں کے باوجود میرا راستہ روکتا تو میں اُس کو توڑ دیتا۔ پھوڑ دیتا اور تم تک پہنچ جاتا۔ کیونکہ تمہاری محبت میری خضرِ راہ ہوتی۔ تمہارا شوق میرے پرِ پرواز لگا دیتا۔ تمہارا خیال میرے ارادوں میں ہیجان اور میری اُمیدوں میں طوفان برپا کر دیتا۔ ایسا ہیجان کہ اُس سے جو چیز ٹکراتی پاش پاش ہو جاتی۔ اور ایسا طوفان کہ اُس کے سامنے جو بھی آتا خس وخاشاک کی طرح بہہ جاتا۔ مجھے شرم آتی ہے کہ تم نے اتنی بے حقیقت سی بات کا ذکر کرنا گوارا کیا اور پھر ستم یہ کہ اُسے میری محبت کا ایک بلیغ ثبوت بھی سمجھا۔ حالانکہ تمہارے پرستارِ خیال، تمہارے دیوانۂ محبت کے نزدیک۔ محبت۔ اِس سے کہیں زیادہ بلند اور باعظمت ثبوت چاہا کرتی ہے۔

اب میں علی الترتیب تمہارے سوالات کا جواب دیتا ہوں۔ ۱-"اُن سے "(نظم) بالکل غیر مطبوعہ ہے۔

۲-وعدہ کے مطابق میں اپنی داستانِ درد ضرور دہراتا مگر مجھے اُس کا موقع کب دیا گیا؟ اِس خط میں ضرور ایک بڑا حصّہ آگیا ہے۔ اور وہ اِس لیے کہ

آپ نے یاد دلایا تو ہمیں یاد آیا

باقی حصّہ گو کہ اب "راز" نہیں رہا۔ تاہم ایک راز ہے۔ جسے میرا قلم نہیں۔ میری

زبان۔ اور تمہاری نگاہوں سے نہیں تمہارے کانوں سے کہہ سکتی ہے؟ مگر کیا کبھی ایسا ہو سکتا ہے؟ ہائے! کیا کبھی ایسا بھی ہو سکتا ہے؟ کیا میری محبت کو اب بھی اتنا حق حاصل نہیں؟ کہ وہ عمر بھر میں پہلی اور آخری مرتبہ تمہارے چند روحی لمحے طلب کر سکے۔ ہاں۔ یہ پہلی اور آخری التجا ہے۔ کیا اسے شرفِ قبولیت بخشا جا سکتا ہے؟ آہ! کیا دلِ شکستہ کی یہ تنہا آرزو بھی کامیاب ہو گی؟ کیا محبّتِ ناکام کی۔ یہ ایک تمنّا بھی حرماں نصیب ہی رہے گی۔؟ اُف!۔ کیا تم یہ گوارا کرو گی کہ کسی دیوانۂ محبت کی۔ کسی مجروحِ نظارۂ اوّلیں کی رہی سہی زندگی بھی غارت ہو جائے؟ کیا تم یہ پسند کر سکو گی کہ تمہارا بیمارِ فرقت۔ تمہارے ہونٹوں سے تسکین کے دو لفظ سُنے بغیر اِس دُنیا سے گزر جائے۔ مر جائے۔ نہیں۔ نہیں۔ تم یقیناً اتنی بے رحم نہیں ہو۔ تم جو اپنے گمنام ادبی زندگی کے کارناموں میں اکثر جذباتِ رحم کی ترجمانی کرتی رہتی ہو۔ تم یقیناً اتنی بے درد۔ اِس قدر خدا ناترس نہیں ہو کہ انکار کی ستم آرائیوں سے میرے دل کو مرجھائے ہوئے پھول کی طرح پائے حقارت سے کچل دو اور اسے موتوں اور ہلاکتوں کے رحم پر چھوڑ دو۔ میں تمہیں مجبور نہیں کرتا۔ صرف اپنی محبت کا حق طلب کرتا ہوں۔ کیا تم مجھے میرے اِس حق سے محروم رکھو گی؟ میں تمہارا احترام کرتا ہوں۔ تمہاری محبت کا۔ تمہاری حرمت و عفّت کا۔ تمہاری نازک حیثیت کا۔ تہِ دل سے احترام کرتا ہوں لیکن اُس کے باوجود میرے جذباتِ بے قرار۔ میرے حسّیاتِ بے اختیار کا تقاضا ہے کہ میں۔ میں تم سے اپنی اِس آرزو کا اظہار کروں:۔

مری اِس سادگی پر رحم کھانا
کہ تم سے آرزوئے دل بیاں کی

میں نے آج تک ضبط کیا۔ محبت کے راز کو۔ جدائی کے صدمہ کو۔ آرزوئے ملاقات کو اور تمہاری آئندہ زندگی کے قبل از وقت رشک کو بھی۔ غرض بیسیوں تلخ و جانگداز

مصائب کو ضبط کیا۔ مگر اب ضبط کا دامن ہاتھ سے چھوٹا چاہتا ہے۔ اب میں ضبط نہیں کر سکتا۔ آہ! اب مجھ سے ضبط نہیں ہو سکے گا۔ دیکھنا میں دیوانہ ہو جاؤں گا۔ میں مر جاؤں گا۔ چند لمحے۔ اتنی مہلت۔ آہ! بس اتنی مہلت کہ میں تمہارے قدموں سے اپنی آنسو بھری آنکھیں مَل کر۔ اپنے دل کو تسکین دے سکوں۔ اور بس۔ تمام زندگی کا حاصل۔ تمام عمر کا خلاصہ۔ تمام آرزوؤں کی روح یہ اور صرف یہ ہے۔ ایک ماہیِ بے آب۔ آغوشِ بحر تک پہنچنے کی کس درجہ تمنّائی ہوتی ہے؟ ایک سازِ شکستہ کی تار۔ صدائے نغمہ سے بغل گیر ہونے کی کس قدر آرزومند ہوتی ہے۔؟

ایک ظلمت خانۂ یاس۔ چراغِ اُمید کی شعاعوں کا کس بے تابی سے منتظر رہتا ہے؟ یہ وہ سوالات ہیں جن پر تم نے غور کرنا ہے اور نہایت ہی ہمدردی اور رحمدلی کے ساتھ غور کرنا ہے۔

میں انتظار کر سکتا ہوں۔ وعدۂ ملاقات کی لذّتوں میں محو۔ مسرّتِ ملاقات کا انتظار کر سکتا ہوں۔ مدّتوں انتظار کر سکتا ہوں۔ اِس اُمید پر جی سکتا ہوں۔ کاش۔ کہ تم وعدہ تو کرو۔ مگر ہائے۔ تم تو مجھے تسلّی بھی نہیں دیتیں۔ تمہاری زبان سے تو تسکین کے دو حرف بھی نہیں نکلتے۔ آہ! تقدیر۔ آہ! نصیب۔

۳۔ اِس کا جواب بھی ملاقات پر اُٹھار کھو۔

۴۔ مجھے یقین تھا کہ یہ دونوں پرچے تمہاری نظر سے ضرور گزرے ہوں گے کیونکہ تمہارے گمنام خطوں سے اندازہ ہوتا تھا کہ اُردو کے تمام بہترین رسالے تمہارے پاس آتے ہیں۔

۵۔ تمہاری "بے غرض" اور "غیر فانی" محبت پر یقین ہو بھی تو کیا فائدہ؟ اب تو میں اُس منزل میں ہوں جو اِن باتوں سے کہیں زیادہ بلند ہے۔ اب زخم خوردہ میں ہوں۔

اور تم ۔۔۔۔ زخمی کی لذّتوں کی مرکزِ توجّہ تو صرف وہ خلش ہے جو زخم کے ساتھ ہی اُس کے سینے میں تیر جاتی ہے۔ اِس عریضہ میں تمام مقامات پر میں نے تمہیں آپ کی جگہ تم لکھا ہے۔ محض اِس لیے کہ مجھے یہ آپ سے زیادہ اچھا معلوم ہوتا ہے۔ اگر ناگوار گزرے تو معاف کر دینا۔

لو۔ میرا عریضہ آخری منزل میں ہے۔ قلمِ حسرت رقم نے اپنا ماتم ادا کر دیا۔ زبانِ نالہ بیان اپنی داستانِ درد سُنا چکی۔ دلِ دردمند اپنے پارہ ہائے خونیں کی نمائش سے فارغ ہو چُکا۔ آنکھیں اپنے فریضۂ خوں باری سے عہدہ بر آ ہو گئیں۔ روحِ بیقرار اپنے ماتم کی شرح سوز و ساز پیش کر چکی۔ جذباتِ حزیں نے اپنی ہلاکتوں کے افسانے دہرا دیے۔ حسرت و تمنّا کو اپنے شیون کے اظہار کا موقع مل گیا۔ اُمید و آرزو اپنے قتل و ذبح کی سفاکانہ تاریخ کے مناظر دِکھلا چکیں۔ شبابِ سوختہ اپنی سوگواریوں اپنی ماتم گساریوں کے نقوشِ حسرت ثبت کر چکا۔ محبّت نے اپنی دردمندانہ محشر ستانیوں کا مظاہرہ کر لیا۔ عشق اپنی غمناک حُزنیہ سُنا چکا اور سب سے آخر میں۔ آہ! میں رو چکا۔ اپنے آپ کو۔ اپنے دل کو۔ اپنے دماغ کو۔ اپنے نصیبوں کو رو چُکا۔ اور رو چُکا۔ آہ:-

عرفی اگر بہ گریہ میسّر شدے وصال
صد سال می تواں بہ تمنّا گریستن

صبح ہونے کو ہے۔ مرغِ سحر کی آواز گونج رہی ہے۔ فضائیں۔ اُس نغمۂ صبح گاہی سے لبریز ہیں۔ میری بے خواب آنکھوں میں ایک مستی کی سی کیفیت چھا رہی ہے۔ سیاہی بہت پھیکی نظر آ رہی ہے۔ الغرض عجیب سوز و گداز کا سامان ہے۔ مذہبی لوگ کہتے ہیں کہ دعا کے لئے یہ وقتِ خاص ہے۔ اِس لئے۔ میری درد آشنا روح۔ ہاتھ اُٹھا۔ اور قیس عامری کی ہم زبان ہو کر خدائے حُسن و عشق سے دعا مانگ۔

"الٰہی میں جس خلش میں مبتلا ہوں وہ کبھی کم نہ ہو"۔

والسلام

تمہارا (اب بھی) کوکب

سلمیٰ کا خط

آداب، میرا پہلا عریضہ اُمید ہے کہ شرفِ باریابی حاصل کر چکا ہو گا۔ اگر جواب دینے کا ارادہ ہو تو براہِ کرم ۲۱۔ جنوری کی بجائے ۲۳۔ جنوری بروز پیر گیارہ بجے دن کے قریب تشریف لایئے گا۔

اطلاعاً عرض ہے۔

ہاں، اگر ہو سکے تو آج یا کل ویسے ہی آ جایئے، نوازش ہو گی، نوازش اِس لئے کہ میں آپ کی تشریف آوری کو رسیدِ خط کی خاموش اطلاع سمجھ کر مطمئن ہو جاؤں گی۔

والسّلام

(نظر ثانی کے وقت قلم زد کیا گیا) (کوکب)

مرتے ہیں آرزو میں مرنے کی
موت آتی ہے، پر نہیں آتی

کوکب۔ میرے۔ کوکب۔ میری زندگِ حزیں کے سہارے۔ میرے دلفروز خواب۔۔۔ میرے دل کے۔ میری روح کے مالک۔ تنہا مالک۔ حوصلہ کرو۔ گھبراؤ مت۔ تسلّی رکھو۔ کہ سلمیٰ۔ تمہاری اپنی سلمیٰ۔ تم سے ملے گی۔ ضرور ملے گی اور بہت جلد

ملے گی۔

کیے جائیں گے ہم تدبیر اُس ظالم سے ملنے کی
کرے گی دشمنی کب تک یونہی تقدیر دیکھیں تو

مگر اَب۔ میں پوچھتی ہوں۔ کہ اب ملاقات سے کیا حاصل؟ ہائے۔ اِس عارضی ملاقات سے کیا فائدہ؟ کچھ بھی نہیں۔ سوائے اِس کے کہ

اور بھی بڑھ جائے گا دردِ فراق

بہر کیف۔ میں کوشش کروں گی۔ میری تمنّاؤں کے (اب بھی) روشن ترین ستارے، میری آرزوؤں کے درخشاں آفتاب۔ میں تم سے ملنے کی۔ پہلی اور آخری مرتبہ ملنے کی کوشش کروں گی۔ اِس لئے۔ ہاں، صرف اِس خیال سے کہ ہم بادلِ بریاں و چشمِ گریاں ہمیشہ کے لئے۔ آہ! قیامت تک کے لئے۔ ایک دوسرے سے رخصت ہولیں۔ جُدا ہولیں۔

فنا ہے کیسی، بقا کہاں کی؟ مجھے تو رہتا ہے ہجر کا غم
جو وصل ممکن ہے جان دے کر، تو جان تم پر فدا کرونگی

پرسوں ۲۷۔ جنوری جُمعہ کے دن ٹھیک ایک بجے شب کو۔ میں آپ کی قدم بوسی کے اِشتیاق میں مضطرب و بیتاب ہوں گی۔۔۔۔ سردی میں تکلیف تو ہوگی۔ خصوصاً اِس لئے بھی کہ آپ کو ایک طویل سبزہ زار طے کرنا پڑے گا۔ مگر مہربانی کر کے مقررّہ وقت سے ذرا پہلے ہی تشریف لے آیئے گا۔ احاطہ میں شمال رویہ دروازے کی طرف سے داخل ہو جیۓ گا تاکہ ہمارا چوکیدار آپ کا خیر مقدم نہ کرے۔ جہاں۔ آپ کو وہ دروازہ نظر آئے گا جس کے سُرخ شیشہ کے کواڑوں سے آپ نے اکثر رات کو شہابی رنگ کی روشنی چھنتی ہوئی دیکھی ہو گی۔ ہاں۔ ذرا کتّوں سے احتیاط رکھئے گا۔۔۔۔ جب میں دروازہ

کھولوں۔ تو آپ آہستہ آواز میں یہ الفاظ ضرور دُہرائیں کہ " میں موجود ہوں۔" مگر دیکھئے کہیں یہ نہ ہو کہ میں تو یہاں انتظار کی کرب آفرینیوں میں مبتلا صبح تک چشم براہ کھڑی رہوں اور حضور وہاں خوابِ نوشیں پر طبع آزمائی فرماتے رہیں۔

میری عمر کے اِن ۱۶ سال میں یقین جانئے کہ یہ سب سے پہلی مرتبہ، سب سے پہلا اتفاق ہے۔ کہ میں آپ سے۔ اور صرف آپ سے۔ ملنے کا وعدہ کر رہی ہوں۔ اِس حال میں کہ "نا جائز ملاقات" کے لئے میرا ضمیر مجھ پر لعنت کر رہا ہے اور میں ندامت و انفعال کے ایک بحرِ بے پایاں میں غوطہ زن۔ مگر با ایں ہمہ۔ آپ کو یقین کرنا چاہئے کہ میں اِس کش مکش انگیز حالت میں بھی اپنی اور آپ کی ایک طویل عرصہ کی بے تاب آرزوؤں۔ بے صبر ارمانوں اور بے قرار حسرتوں کی خاطر۔ اپنے ایفائے عہد میں ثابت قدم رہوں گی۔ انشاء اللہ۔

آپ کے اِس مفصّل خط کو۔ خط کی بجائے اگر ایک افسانۂ درد و غم۔ ایک داستانِ حسرت و الم۔ سوز و گُداز کا رقیق ترین نغمہ، سازِ عشق کا ایک نالۂ حزیں۔ خارستانِ اضطراب کا ایک خارِ خلش افزا۔۔۔ سوز و گُداز کی روحِ بے تاب کہوں تو میری رائے میں زیادہ موزوں ہو گا۔

کوکب صاحب۔ ہائے۔ میں کس دل سے کہوں؟ کہ ایک آپ ہی کی زندگی تلخ نہیں ہو رہی بلکہ اُس سے کہیں زیادہ۔ اُس سے کہیں بڑھ کر، میری جان۔ ہائے میری ناتواں جان۔ عذاب میں۔ عذابِ الیم میں گرفتار ہے۔ مصائب و آلام کے بلا خیز طوفان میں گھری ہوئی ہے۔ جہنمِ ارضی میں پڑی سلگ رہی ہے۔ جل رہی ہے۔ آہ! ہمیشہ کے لئے۔ ہائے تمام عمر کے لئے۔ مجھے یہ کہنے کی اجازت دیجئے۔ کہ اِن تمام تر ناگواریوں کے بانی۔ اِن تمام تر تلخ کامیوں کے موجب آپ خود ہیں۔ ہاں۔ آپ۔ کیوں۔۔۔؟ اِس لئے کہ

آپ اگر چاہتے۔ آہ! اگر آپ کی خواہش ہوتی۔ آپ اگر اِک ذرا سی بھی کوشش کرتے تو میں آپ کو مل جاتی۔ یا دوسرے الفاظ میں آپ مجھے پا لیتے۔ آہ! نہایت آسانی کے ساتھ پا سکتے تھے۔ مگر آپ نے تو۔۔۔۔ لیکن میں بے وقوف ہوں۔ اب بھلا اِن باتوں۔ آہ! اِن گئی گزری باتوں کی یاد میں۔ دل کو نشتر کدۂ غم اور سینہ کو غمکدۂ یاس بنانے سے کیا فائدہ ؟ کیا حاصل؟ دل کی دنیا برباد ہونی تھی۔ سو ہو گئی۔ آرزوؤں کا۔ جوانمرگ آرزوؤں کا جنازہ نکلنا تھا۔ سو نکل گیا۔ شربتِ وصل کی بجائے۔ زہرِ ہلاہل کا جام پینا تھا سو پی لیا۔ اور سب سے آخر میں یہ کہ روزِ ازل کی کافر ساعتوں میں جو کچھ قسمت میں لکھا گیا تھا۔ وہ پُورا ہوا۔ وہ مل گیا۔ آہ! مل چکا۔ اب شکوے، شکایتیں عبث ہیں۔ بے سود ہیں۔ لاحاصل ہیں۔ آہ!

"جب توقع ہی اُٹھ گئی غالب
کیوں کسی کا گلِہ کرے کوئی

والسّلام

راقمہ

ایک بیزارِ زیست

خط کا جواب کبھی پھر

(دوسری طرف) "کیا اب کے بھی آپ اِس "ضروری خط" کی رسید سے مطلع فرما سکتے ہیں"۔

کوکب کا خط

۲۶ جنوری

ایک خط۔ ہاں۔ ایک حسین و دلآویز خط۔ میرے لرزتے ہوئے ہاتھوں میں لرز رہا ہے۔ اور میں محسوس کر رہا ہوں کہ آج دنیا میں مجھ سے زیادہ مسرور و دلشاد ہستی کوئی نہیں۔ میں آپ ہی مسکرا رہا ہوں، اور بے اختیار مسکرا رہا ہوں۔ دل و دماغ پر ایک سیلِ نشہ محیط ہے۔ ایک ایسا نشہ جسے دل و دماغ ہی محسوس کر سکتے ہیں۔

یہ میری سلمیٰ کا خط ہے۔ اور میرے پہلے طویل خط کا جواب۔ آہ! سلمیٰ۔ سلمیٰ بالآخر تیرے تاثرات مجھ پر مہربان ہو گئے۔ بالآخر تُو نے اپنے جذبات میں ایک ہمدردی کا، رحمدلی کا ہیجان محسوس کیا اور تُو آمادہ ہو گئی کہ اپنے ناکامِ محبت کو،۔ ناکامیِ مطلق کی تکلیف سے بچالے، آ۔ میری جان۔ میں تیرے نازک دل کو۔ تیرے نازک دل کے نازک جذبات کو پیار کر لوں۔ تیری معصوم و پاک روح کے معصوم و پاک حسّیات کو سجدے کر لوں۔

۲۷ جنوری

(صبح) ابھی۔ ابھی "ن" اور "ک" نے سلمیٰ کا خط پڑھا ہے دونوں اُس کی طرزِ تحریر کی رِقّت اور اندازِ بیان کی تاثیر سے متاثر ہیں۔ تاہم اِس غیر متوقع مسرّت پر مجھے چھیڑ رہے ہیں۔ اُن کا، اُن کی ظاہر بین اور سطح پرست ذہنیتوں کا خیال ہے کہ میں سلمیٰ کی جسمانی رعنائیوں سے بھی لُطف اُٹھا سکوں گا۔ اُٹھاؤں گا؟ مگر وہ نہیں جانتے کہ اب اُن پر میرا کوئی حق نہیں۔ میں نے تہیّہ کر لیا ہے کہ میں اُس کی بیرونی رنگینیوں کو نہیں گُدگُداؤں گا۔ اُس کے پیکرِ حُسن کی ظاہری سحر کاریوں کو نہیں چھیڑوں گا، بلکہ اُس کی

معنوی لطافتوں، اُس کی روحی نزاکتوں کو پیار کروں گا، اور جی بھر کے کروں گا۔

محبت، حقیقتاً جذباتِ شباب کی دراز دستیوں سے بلند، ایک غیر مرئی احساس ہے۔ ایک ملکوتی جذبہ ہے۔ ایک فردوسی شگفتگی ہے۔ ایک آسمانی نغمہ ہے جو کبھی نفسانی اغراض کے پیکر میں نہیں سماتا۔ نہیں سما سکتا۔ الحمد للہ۔ کہ میرا دل مطمئن ہے۔ میری روح۔ ایک معصوم بچے کی طرح شاد۔ ایک نو شگفتہ کلی کی طرح شاداب ہے اور میرے جذبات پُر سکون۔ ایک ملکوتی خواب کی طرح پُر سکون۔ سلمیٰ کی معصومیت۔ آہ! اُس کی معصوم رعنائی یوسف کا دامن نہیں بن سکتی۔ میرے شباب کے طوفانی ولولے زلیخا کا ہاتھ نہیں بنیں گے۔ فرشتوں کے تقدّس کی۔ حُوروں کی پارسائی کی۔ کلیوں کی معصومیت کی۔ نغموں کی دوشیزگی کی۔ بچوں کی مسکراہٹ کی قسم۔ مجھے اُس کا بھُول کر بھی خیال نہیں آیا۔؟

کوکب کا خط

بڑھ گئیں تم سے تو مل کر اور بھی بیتابیاں
ہم تو سمجھے تھے کہ اب دل کو شکیبا کر دیا

میری غنچہ لب۔۔۔۔

پیار۔۔۔۔

بوصلِ یار رساندیم راو حیرانم
کہ ایں بکار تو ای آسماں نمی ماند

۲۷۔ جنوری کی رات کا خوابِ شیریں ابھی تک میری نگاہوں پر محیط ہے۔

آہ! میری جان تم نے مجھے کیا کر دیا ہے؟ کہ اب تمہارے سوا کسی شے کا ہوش نہیں۔ تم نے مجھے کون سی شراب پلادی جس کا نشہ دل و دماغ پر چھائے جاتا ہے۔ ہائے مجھے تم نے کس منزل میں پہنچا دیا۔۔۔؟ کس وادیِ حیرت سے دوچار کر دیا۔۔۔؟ جہاں نہ دنیا کی خبر ہے نہ مافیہا کا نشان۔ تمہاری ہم آغوشی کی خالص بہشتی لذّتوں میں چُور ہونے کے بعد اب میں محسوس کرتا ہوں کہ تم سچ کہتی تھیں۔

اور بھی بڑھ جائے گا دردِ فراق

ہائے یہ حالت کہ

بڑھ گئیں تم سے تو مل کر اور بھی بیتابیاں (میں کیسے باور کروں؟)

ہم تو سمجھے تھے کہ اب دل کو شکیبا کر دیا

میں اِن بے تابیوں کا ذکر کس زبان سے کروں؟ کیا بتاؤں۔ درجہ بے کسی کے ساتھ سوچتا ہوں؟ کہ اُس رات جو موجِ رنگ و بُو میرے سر سے گزری کہیں وہ کوئی پُر فریب خواب نہ ہو۔ مگر میرے گستاخ ہونٹوں کی حلاوت۔ وہ حلاوت جو اُنہوں نے تمہارے گلاب کی سی پنکھڑیوں جیسے ہونٹوں سے چھینی تھی۔ مجھے کہتی ہے کہ یہ خواب نہ تھا۔ اُس غیر متوقع مسرّت کے نشوں میں سرشار ہو جانے والی نگاہیں۔ مجھے ڈراتی ہیں۔ کہ کہیں اِنہوں نے اُس رات دھوکا نہ کھایا ہو۔ مگر تمہارے مُشک آگیں دامن اور عنبر افشاں گیسوؤں کی مستانہ مہک۔ آہ! وہ مہک جو میرا دماغ تمہارے کمرے سے چُرا لایا تھا۔ مجھے یقین دلاتی ہے کہ یہ دھوکا نہ تھا۔ اُف! اگر یہ سب کچھ خواب ہوتا۔ میرے اللہ یہ سب کچھ خواب ہوتا۔ تو میں کیا کرتا؟ میں دیوانہ ہو جاتا۔ میں مر جاتا۔ اب اتنا تو ہے کہ وہ اِک خوابِ پریشاں کا۔ ایک فریبِ رنگ و بُو کا گمان ہی سہی۔ مگر میرے بیتاب دل۔ میری بے قرار روح کے لئے۔ ایک سہارا۔ اِک تسکین۔ ایک اُمید تو موجود ہے۔ کیا کہوں میں کتنی

مرتبہ آنکھیں بند کر لیتا ہوں۔ اور اپنے تصوّر سے کہتا ہوں۔ کہ مجھے اِک ذرا پھر وہی نقشہ۔ وہی فردوسی نقشہ دکھا دو۔ آہ! یہ خواب اگر خواب ہے تو بھی خدا کرے کہ میں ہر وقت ایسے خوابوں میں کھویا رہوں۔ ہر لمحہ ایسے ہی خواب دیکھتا رہوں۔

جب تک میری پیاری جان۔ میری شیریں روح۔ (کتنا حسین خطاب ہے) تمہارا خط نہیں آ جاتا، میں اضطرابِ شوق سے خیالات کی لا انتہا، لامحدود فضاؤں میں تمہارے تصوّر کی ہزاروں دھُندلی بہشتیں تیار کر لیتا ہوں گویا تم مجھے خط لکھ رہی ہو۔ میں تمہیں چپ چاپ اِک طرف کھڑا ہو کر دیکھتا ہوں۔ اور دیکھتا رہتا ہوں۔ ہائے میں کیونکر کہوں؟ کہ میں تمہیں کس کس رنگ میں۔ کس کس عالم میں۔ کس کس طرح دیکھتا ہوں؟ کس درجہ حسرت کے ساتھ۔ کس درجہ بے تابانہ اُمیدوں سے۔ کتنی دلگداز مگر پھر بھی۔ خوشگوار تمنّاؤں کے عالم میں دیکھتا ہوں۔ اِس حال میں کہ اِک ہلکی سی مسکراہٹ میرے ہونٹوں پر ہوتی ہے۔ میں دیکھتا ہوں کہ کبھی تمہاری نگاہیں۔ تمہاری نشہ باز نگاہیں، شرما جاتی ہیں۔ جھک جاتی ہیں اور کبھی تمہارے پری وش ہونٹوں پر۔ اِک معصوم کلی کا سا تبسّم۔ اِک شگفتہ تبسّم لہرانے لگتا ہے۔ الغرض اُس وقت کے وہ جذبات جو تم اپنے خط میں منتقل کر دینا چاہتی ہو۔ تمہارے قلم سے۔ الفاظ کے رنگ میں بے حجاب ہونے سے پہلے تمہارے ملکُوتی بُشرے سے جھلک پڑتے ہیں۔ اور میں۔ مری معبودِ افکار۔ میری فدائے اشعار۔ میں تمہیں۔ تمہارے اِس حشر طراز عالم کو مزے لے لے کر دیکھتا ہوں۔ ہائے کیا کبھی تم نے بھی اِس حالت میں مجھے اپنے پاس محسوس کیا ہے؟ اگر نہیں تو میں التجا کروں گا، کہ ایسا نہ کرنا، ورنہ پھر تمہاری حیا سامانی۔ تمہارے جذبات کو بے تکلّفی سے ادا نہ کر سکے گی۔

انتظار کی قیامت آفرین مدّت سے گھبرا کر تمہیں اِتنا خط لکھ چُکا تھا کہ تمہارا خط پہنچا۔

اُن ہاتھوں کے نثار جنہوں نے یہ تکلیف گوارا کی، اُس قلم پر قربان۔ جس نے تمہاری شیریں اور معصوم روح کا پیغام۔ میری گنہگار روح تک پہنچایا۔ اُس نامہ بر کے صدقے جس نے یہ خط لا کر مجھے دیا۔ ذرا مجھے اجازت دو کہ قلم ہاتھ سے رکھ دوں اور پہلے تمہارا خط پڑھ لوں۔ (سبحان اللہ اِس لفّاظی کے قربان)

تمہارا خط میں نے پڑھ لیا۔ اور دل تھام کر پڑھ لیا۔ اور اب میرے خیالات میں مطلقاً ہمّت نہیں کہ آگے کچھ لکھ سکوں۔ تم نے اِس خط میں تین مطالبے کئے ہیں۔

۱- تمہارے خطوط واپس کر دوں کیونکہ یہ تمہارے ناموس کی رسوائی ہے۔

۲- فسانہ میں خطوط شائع نہ کروں۔ (تو کیا رسوائی نہیں؟)

۳- آئندہ کے لئے ملاقات کی آرزو ظاہر نہ کروں۔

اِن تینوں مطالبوں کو ایک ساتھ ملا کر استخراجِ نتائج کا فیصلہ یہ ٹھہرتا ہے کہ محبت سے تھک جانے کا جو اندیشہ تمہیں مجھ سے ہے۔ اُس پر عمل در آمد تمہاری جانب سے ہو رہا ہے۔ یا صاف الفاظ میں یہ کہ اب میں تمہارے پیار سے قطعی مایوس ہو جاؤں۔ معاملہ یہ ہے۔ تو تمہی انصاف کرو۔ میرے قلق و اندوہ کی کیا حالت ہو گی؟ آہ! تم مجھے مایوس کر رہی ہو کہ ۲۷- جنوری کی رات اور اس کی بہشت سامانی اب پھر کبھی نصیب نہ ہو گی۔ ہائے وہ رات۔ وہ نکہتِ بے قرار۔ وہ تبسّمِ بے اختیار۔ اب کبھی میرے ہاتھ نہ آئے گی۔ وہ سیلِ نشہ و نور۔ وہ طوفانِ سُکر و سُرور اب کبھی مجھے نہیں ملے گی؟ اُس موجِ عیش و نشاط۔ اُس برقِ رنگ و بو کو اَب کبھی نہ پاسکوں گا۔ اُف! تم نے تو مجھے اُمید دلائی تھی۔ کہ میں آئندہ بھی تمہاری ماہ پیکر ہستی کی رنگینیوں کو گُدگُدا سکوں گا۔ میں پھر بھی تمہاری بہار تمثال شخصیت کی رعنائیوں کو پیار کر سکوں گا۔ (توبہ اِس قدر مبالغہ آمیزی) پھر یہ کیا بیدردی ہے کہ اب تم مجھے اس طرح نا اُمید کر رہی ہو۔ میں نے کہا تھا۔ آج "ایک شاعر کا

انجام" پایۂ تکمیل کو پہنچ گیا مگر اُس کا یہ مطلب کس کافر کو معلوم تھا؟ کہ وہ ملاقات۔ آخری ملاقات ہو گی۔ اور اگر تم اِس پر آمادہ ہو۔ تو مجھے کہنا چاہیئے۔ کہ ابھی اِس افسانہ کا آخری باب باقی ہے۔ اور اس کا عنوان "جوانمرگ" ہو گا۔ جسے میرے بعد تمہارا قلم مکمّل کرے گا۔ (خدا نہ کرے۔ خدا نہ کرے) میری بد نصیبی۔ کہ بے خودیِ وصل کی تشنہ طرازیوں نے مجھے اُس رات گونگا کر دیا تھا۔ یقین ماننا کہ جس قدر باتیں سوچ کر گیا تھا۔ اُس کا ہزاروان حصّہ بھی تمہارے حضور میں بیان نہ کر سکا۔ اور اس لحاظ سے ملاقات ہوئی نہ ہوئی۔ برابر ہے۔

شاید تم مجھے ناشکر گزار کہو۔ حالانکہ میں احسان فراموشی کا عادی نہیں ہوں۔ مجھ سے کُفرانِ محبت کا گناہ کبھی سرزد نہ ہو گا۔ مگر تمہارے احسانات کی بے پایانی کا شکر گزار ہوتے ہوئے بھی، میں یہ کہنے پر مجبور ہوں۔ کہ میں تم سے ایک بھی بات نہ کر سکا۔ ہائے داغ مرحوم۔

یاد سب کچھ ہیں مجھے، ہجر کے صدمے ظالم (خیر کبھی پھر سہی)
بھول جاتا ہوں مگر دیکھ کے صورت تیری (لکھ کے کاٹا گیا ہے)

آہ! میں جس دن سے ڈرتا تھا۔ جس وقت کے تصوّر سے لرز جاتا تھا۔ آخر کار وہی سامنے آیا۔ میں نے تمہیں لکھ دیا تھا کہ مظلوموں کی داستانِ مجبوری سے آگاہ ہونے کے بعد تم جتنا جی چاہے۔ ظلم کرو۔ ہمارے مُنہ سے "اُف" نکل جائے تو کہنا۔ اب بھی اُسی کو دُہراتا ہوں۔

سرِ تسلیم خم ہے جو مزاجِ یار میں آئے (کیوں نہ ہو)

تمہیں بلکہ۔ آپ کو اُس بد دُعا پر جو میری نئی زندگی کی حالت میں مجھے دی تھی نادم ہو کر معافی چاہنے کی ضرورت نہیں۔ کیونکہ اب اِس اعتراف سے میری بد نصیبیوں کے

زخم اچھے نہیں ہو سکتے۔ البتہ آپ کو اِس امر کا اعتراف ضرور کرنا پڑے گا کہ میری محرومی کی بلا شرکتِ غیرے ذمہ دار آپ اور صرف آپ ہیں۔ نیز اِس کا اقرار بھی کہ آپ نے اپنے پچھلے خط میں جو میری اِس محرومی کا ذمّہ دار مجھے ٹھہرایا تھا۔ یہ بھی آپ کی زیادتی تھی۔(بلکہ زیادتی آپ کر رہے ہیں)

''ایک شاعر کا انجام'' بھی آپ کو اپنی رسوائی کا موجب نظر آتا ہے۔ کاش کہ اِس سے پہلے آپ اُس کو مکمّل ہونے دیتیں اور دیکھنے کے بعد رائے قائم کرتیں۔ بہر کیف۔ اب میں اِس پر اصرار نہیں کروں گا۔ کیونکہ میں آپ کی غزالیں نگاہوں کو برہم دیکھ رہا ہوں۔ اور مجھے اِس برہمی کا احترام کرنا ہے۔ بنابریں میں بالکل آمادہ ہوں کہ شاعر کا انجام شاعر کی آرزوؤں کے انجام کی طرح اِس دُنیا سے ناپید ہو جائے اور آپ دیکھ لیں گی کہ ایسا ہی ہو گا۔ میں آپ کی خاطر اپنے اِس واحد کارنامۂ زندگی سے بھی محروم رہنا گوارا کروں گا۔ میں یہ قربانی بھی کروں گا کیونکہ مجھے تم سے محبت ہے۔ کیونکہ میں تمہیں سچ مچ پیار کرتا ہوں۔''

(پشت پر ''مجھے تم سے محبت ہے! کیونکہ میں تمہیں سچ مچ پیار کرتا ہوں''۔ آہ! کس قدر جانفزا روح پرور الفاظ ہیں۔۔۔ کاش کہ مجھے اِن پر یقین ہوتا۔ ہو سکتا۔ ۲۱-فروری)

'' میں آپ کے خطوط بھی واپس کر دوں''۔ مگر کیوں۔۔۔؟ میں اِس کا کوئی جواز نہیں پاتا۔ میرے خطوط بھی آپ اِسی شرط پر واپس فرمائیں گی؟؟ خوب! تبادلہ تو معقول ہے! مگر اِس ''بنئے پن'' کے سودے کا مجھ سے کیا تعلّق؟۔

(حاشیہ: اِس سے یہ تعلّق ہے۔ کہ پہلے آپ نے ہی اپنے خطوط طلب فرمائے تھے!)

شرمندہ ایم فیضی زیں بے خودی کہ ناگہ

دیوانگی مارادہدآں پری وش امشب

میرا خیال ہے۔ کہ آپ مجھ سے کچھ بدگمان یا خفا ہو گئی ہیں۔ خفگی کی تو میں کوئی وجہ نہیں دیکھتا۔ سوائے اِس کے کہ اُس رات، میرے "ہونٹوں" نے دو ایک گستاخیاں کرنے کی جسارت ضرور کی تھی !اگر یہ بات ہے تو، میں آپ سے ہزار بار معافی چاہتا ہوں !اور آئندہ ملاقات میں آپ دیکھ لیں گی کہ میں اِس معاملہ میں کس قدر ضبط کر سکتا ہوں۔ ؟مجھے تسلیم ہے۔ کہ مجھے اُن گستاخیوں کا ! آہ!اُن ہلکی سی گستاخیوں کا بھی، جو دنیائے محبت میں عام ہیں ! کوئی حق نہ تھا!لیکن اگر میں یہ کہوں۔ کہ میں نے "فضا" کی "جذبات انگیز" حالت کے باوجود اِس سے آگے بڑھنے کی جرات نہ کی۔ تو کیا آپ میری محبت کی۔ میری محبت کی معصومیت کی۔ اُس کی ملکوتی اور مقدّس حیثیت کی داد نہیں دیں گی؟۔۔۔(کیوں نہیں)اور کیا اب بھی مجھ سے شکایت ہو گی۔ کہ مجھے آپ کے ناموس کا پاس نہیں۔۔۔؟

(پشت پر: میں نے تو پہلے ہی عرض کر دیا تھا کہ آپ انسان نہیں۔ایک "دیوتا ہیں۔ اور آپ کی اِسی دیویت کی شان نے مجھے خرید لیا ہے۔۔۔! سلمیٰ ۲۱-فروری۔)

رہی میری خطوط کی واپسی کی شرط۔ تو میں عرض کروں گا۔ کہ میں نے وہ خطوط ناول کے لئے طلب کئے تھے۔ اب وہ نہیں۔

آں قدح بشکست آں ساقی نماند

اِس لئے اب مجھے اُن کی ضرورت نہیں۔ تاہم میں آپ کو یہ بتلا دوں۔ کہ اگر میں چاہوں تو اِن خطوط کو از سرِ نو لکھ سکتا ہوں اور اب نہیں پچاس سال کے بعد بھی لکھ سکتا ہوں کیونکہ یہ بھولنے والی چیز نہیں ہے۔ لیکن میں آپ کو برہم کرنا نہیں چاہتا۔ یہاں مجھے صاف صاف لکھ دینا چاہیئے کہ آپ کے بے جا اندیشۂ رسوائی۔ مایوسی ملاقات اور طلبِ

خطوط نے مجھے بہت دکھ پہنچایا ہے۔ اتنا کہ نہ مجھ میں خط لکھنے کی ہمّت ہے۔ اور نہ جوابی اُمور پر غور کرنے کی اہلیت۔ خدا ہی جانتا ہے۔ یہ عریضہ کس قدر کشمکشِ خیالات کے ساتھ لکھا ہے جس کا قدم قدم پر ثبوت ملے گا۔ ایسا معلوم ہوتا ہے کہ کسی نے جذبات کا گلا گھونٹ دیا ہے اور قلم کی زبان کاٹ لی ہے۔ لکھتا کچھ ہوں لکھا کچھ جاتا ہے۔ اِس کا الزام بھی آپ حسبِ عادت مجھی کو دیں گی۔ مگر اِس میں میرا قصور نہیں۔

بس اب جاؤ تم سے خفا ہو گئے ہم

(ہائے ہائے ایسا غضب نہ ڈھایئے گا ورنہ ہم کہیں کے نہ رہیں گے)

آپ نے تحریر فرمایا ہے کہ اب میں آپ سے ملنے کی آرزو نہیں کروں گا؟ مگر کیوں ؟ میں پوچھتا ہوں۔ کہ آپ کو میری آرزوؤں پر یہ بندش عائد کرنے کا کیا حق ہے؟ آپ صرف حکم دے سکتی ہیں۔ اور میں تعمیل کرنا جانتا ہوں۔ یہ کیا ستم ہے۔ کہ کوئی آرزو بھی نہ کرے۔ میری آرزو۔ ہاں۔ میری آرزو آزاد ہے۔ وہ کیونکر اور کس طرح تمہاری ملاقات کے خیال سے محروم ہو سکتی ہے؟ آپ نے لکھا ہے۔ کہ اگر میں نے جوابِ صاف لکھ بھیجا۔ تو خدانخواستہ آپ زندہ نہ رہنے پائیں گی۔ کیا خوب! یہ اچھی ستم ظریفی ہے۔ کہ خود مجھے جوابِ صاف دیا جا رہا ہے۔ اور مجھ سے جوابِ صاف لینے کا اندیشہ کیا جا رہا ہے۔

مکر جانے کا قاتل نے نرالا ڈھنگ نکالا ہے

ہر اِک سے پوچھتا ہے اِس کو کس نے مار ڈالا ہے

حاشیہ:

خدا جانے محبت کر کے آپس میں گلہ کیوں ہے؟

تجھے شکوہ مرا کیوں ہے، مجھے شکوہ ترا کیوں ہے؟

بس اب آگے نہیں لکھا جاتا۔۔۔!(تو نہ لکھئے)۔۔۔ آنکھوں کے آگے اندھیرا

چھا رہا ہے۔ اور دماغ کو کوئی کُچلے ڈالتا ہے۔

لٰہذا خدا حافظ۔

آپ کے مضمون کی اصلاح (اصلاح؟؟) کے بارے میں اگلے خط میں کچھ عرض کرنے کی کوشش کروں گا۔ سرِ دست آپ کے نوشتہ شعر میں ایک "نازک" اصلاح کئے دیتا ہوں۔ اُمید ہے کہ قبول ہو گی

مرے دل میں تصوّر ہے شبستانِ ثریّا کا،
خدا آباد رکھے کس قدر روشن مرا گھر ہے

(نوٹ: اِس خط پر جو بریکٹ میں ریمارکس نظر آتے ہیں۔ وہ بعدِ مطالعہ سلمیٰ نے قائم کئے ہیں یہاں اُن کو بھی نقل کر دیا گیا ہے۔)

میری ڈائری کا ایک ورق

خوبصورت دروازہ آہستہ آہستہ کھُلا۔ اور میں اندر داخل ہوا۔ ایک سپید پوش سایہ کچھ ڈرا۔ جھجکا۔ سامنے تھا۔ میرا ایک قدم کمرے میں اور ایک دروازے پر تھا۔ میں رُک گیا۔ خدا جانے یہ کون ہے؟ اگر کوئی اور ہوا تو۔۔۔؟ میرا آئندہ مخاطب بھی کسی برق وش فکر میں غرق۔ تامّل کے جذبات سے دوچار معلوم ہوتا تھا۔ جیسے کوئی شرم و حیا اور ضرورتِ وقت میں کش مکش محسوس کر رہا ہو۔ روشنی نہ تھی۔ کہ میں اُس کی آنکھوں کا مطالعہ کر سکتا۔ آہ! محبت کی وہ اشتیاق میں ڈوبی ہوئی نگاہیں، جبکہ اُن میں پہلے پہل ایک محبت بھرے اجنبی چہرے سے دوچار ہونے کا خیال موجزن ہو۔ اگر روشنی ہوتی تو یقیناً میں اپنے دوست ناصر کے لئے ایک ایسی تصویر کا موضوعِ حسین تیار کر لیتا۔ جس سے دنیا

کی مصوّری کے خواب بھی محروم ہیں۔ ایک لمحہ اِسی طرح بُت بنے رہنے کے بعد۔

اُس لہجے میں۔ اِس انداز میں کہ گویا ضرورتِ وقت نے جذبۂ حیا پر قابو پالیا ہے۔ اُس کی تھر تھراتی ہوئی۔ لرزتی ہوئی۔ زبان سے آہستہ نکلا۔ "آیئے۔" یہ نازنین۔ یہ شیریں آواز۔ ایک ہلکے ہلکے نغمے کی طرح سنائی دی۔ اور میرا دل و دماغ سراسر اُس میں جذب ہو کر رہ گیا۔

وہ دروازہ کی طرف بڑھی۔ اُس کا ایک ہاتھ۔ ایک مرمریں ہاتھ۔ ایک کمرے کی طرف اشارہ کر رہا تھا۔ میں اُس میں داخل ہوا۔ کمرہ تاریک تھا اور شاید تاریک رہنا بھی چاہئے تھا۔

سلمیٰ کا خط

دل خود بخود اُداس ہوا جارہا ہے کیوں؟
کوئی جَلا ہے شامِ غریباں کے آس پاس

میرے مرجع ارمان۔ میں اُداس ہوں۔ آہ! تمہارے لئے اُداس ہوں۔ میرا دل بے قرار ہے۔ طبیعت مضمحل ہے اور دماغ پراگندہ۔

اُٹھتے۔ بیٹھتے۔ سوتے۔ جاگتے۔ کسی پہلو چین نہیں آتا۔ ہائے کسی طرح۔ کسی عنوان جی نہیں بہلتا۔ کاش! کہ آپ مجھ سے نہ ملے ہوتے۔ کاش! کہ میں آپ سے نہ ملی ہوتی۔ اُف! ملاقات سے تو میری بیتابیوں میں اور بھی اضافہ ہو گیا ہے۔ بے قراریوں میں اور بھی ترقّی ہو گئی ہے۔ بجائے اِس کے، کچھ سکون حاصل ہوتا۔ کچھ درد کا درماں ہوتا۔ ہائے

محبت تھی مگر یہ بے قراری تو نہ تھی پہلے

الٰہی آج کیوں یاد آتی ہے بے اختیار اُس کی

آپ کے یہ الفاظ کس درجہ شیریں۔ کتنے نشاط انگیز اور کس قدر دل فروز ہیں کہ "مجھے تم سے محبّت ہے۔ میں تمہیں سچ مچ پیار کرتا ہوں۔" مگر میری بدنصیبی کہ مجھے اِن پر اعتبار نہیں۔ آہ! اِن حسین۔ اِن شیریں۔ اِن روح پرور الفاظ پر قطعاً اعتماد نہیں۔ اور اس کی وجہ؟ یقیناً آپ کو معلوم ہو گی۔ رات میں نے ایک عجیب پریشان خواب دیکھا ہے۔ ایسا پریشان کہ میرا اضطراب و اضطرار اور بھی بڑھ گیا ہے۔ دیکھتی کیا ہوں کہ ایک پُر فضا باغ ہے جس کی صاف سُتھری رَوِشوں پر آپ۔ ایک نازک اندام، نازک کمر۔ حسین لڑکی کے ساتھ ٹہل رہے ہیں۔ اِس شان سے کہ اُس عشوہ فروش حسینہ کا نازک ہاتھ آپ کے ہاتھ میں ہے۔ اور آپ کی آنکھیں۔ آپ کی سرشار آنکھیں۔ محبت پاش نگاہوں سے اُس پیکرِ لَطیف کے بوسے لے رہی ہیں۔ یہی نہیں۔ بلکہ آپ جوشِ وارفتگیِ محبت سے اُسے مخاطب کر کے کہہ رہے ہیں۔ تمہیں معلوم ہے میں تمہیں کس قدر پیار کرتا ہوں؟ (میرا یہ خواب بالکل سچّا تھا)۔ (نظر ثانی کا اضافہ) (کوکب)

آہ! اِس قیامت انگیز منظر کو دیکھ کر دُنیا میری آنکھوں میں تاریک ہو گئی۔ وفورِ غم سے میرا دل پاش پاش ہو گیا۔ قریب تھا کہ میں لڑکھڑا کر وہیں گر پڑوں کہ۔۔۔۔ اتنے میں ماما نے مجھے جگا دیا۔ کیا آپ اِس خواب کی تعبیر بتلا سکتے ہیں؟

"بعد از وقت" تو خیر مجھے معلوم ہو گیا۔ آپ نے (بقول افسر میرٹھی) ہندوستان کی ایک عریاں نویس خاتون کے جواب میں لکھا تھا۔ مگر یہ اب تک معلوم نہیں ہو سکا کہ "اُن کا خط" اور "اے عشق کہیں لے چل" میں کس کو مخاطب فرمایا گیا ہے؟ کیا آپ بتائیں گے نہیں؟؟

یہ تو کہئے۔ کہ وہ کون تھے؟ جن کے متعلّق آپ نے ایک دفعہ تحریر فرمایا تھا کہ یہ

صاحب ہمیں کئی مرتبہ فریبِ تحریر میں مبتلا کر چکے ہیں۔؟

ہاں۔ اِس خط کا جواب اور میرا مرسلہ کلام ۷- مارچ کو ٹھیک گیارہ بجے مجھے پہنچ جانا چاہئے۔ اور کیا لکھوں سوائے اِس کے کہ

جانِ من بھول نہ جانا یہ کہے دیتا ہوں
غیر سے دل نہ لگانا یہ کہے دیتا ہوں

آپ کی سلمیٰ

(حاشیہ پر) آپ کی اُس نظم کا شدید انتظار ہے۔ (پشت پر لکھ کر کاٹا گیا ہے۔)

تم اِدھر پہلو سے اُٹھے ہم تڑپ کر رہ گئے
یوں بھی دیکھا ہے، کسی کا دم نکل جاتے ہوئے

ساقی بریز جُرعۂ وصلت بجامِ ما
کز شربتِ فراقِ تُو تلخ است کامِ ما

(پھُول)۔۔۔۔

معاذاللہ۔ اِتنی بے رحمی۔ اِس قدر سنگدلی۔ اِس درجہ ستم آرائی کہ دنوں سے ہفتے گزر گئے۔ اور آپ نے بھُولے سے بھی اِدھر کا رُخ نہ کیا۔ گویا قسم کھالی صورت دِکھانے کی۔؟ وائے حسرت

آپ آئے نہ کبھی خیر خبر ہی بھیجی
سینکڑوں راہیں دِکھائیں ہمیں ترسانے کی

کیوں جی۔ کہیں اِس بے اعتنائی اور سرد مہری۔ اِس بے رُخی اور بے مروّتی کی یہ وجہ تو نہیں۔ کہ آپ ہم غریبوں سے خفا ہیں؟ اگر شومیِ قسمت سے یہی وجہ ہے تو پھر خدارا جلد بتلایئے کہ اِس دل ریش۔ دل سوز خفگی کا باعث کیا ہے؟ اس جاں خراش اور روح

فرسا کشیدگی کا سبب کیا ہے ؟ کچھ پتہ تو چلے ؟ آخر کچھ معلوم تو ہو۔ اِس فوری عتاب کا سبب ؟ اِس ناگہانی برہمی کا راز۔ بس جی بس اب مان جایئے کہ غصہ ہو چکا۔ اور ہم کافی ستائے گئے۔ آہ! ترسائے گئے۔

ابر حم کر کہ صبر کی طاقت نہیں رہی

اللہ جانتا ہے۔ کہ میں آپ کے مسلسل "سکوت و جمود" سے بے حد پریشان، سر گرداں، مضطرب، متوحش، متردّد اور متفکّر ہوں۔ آہ!

ہر شام، مثلِ شام ہوں میں تِیرہ روزگار

ہر صبح مثلِ صبح گریباں دریدہ ہوں

مگر آپ کو ذرا بھی احساس نہیں۔ کیسا ستم ہے۔ خدا کے لئے یہ سکوتِ برہمی کی مہر اَب توڑ دیجئے اور میری تسکینِ روح کے لئے میرے خطوط کا جواب عنایت کیجئے۔ اُمید تو نہیں۔ مگر تاہم۔ (اپنی نادانی کی بدولت) ۱٦- فروری کو ٹھیک دن کے گیارہ بجے بڑی بے صبری اور بے قراری سے آپ کے نامۂ جانفزا کا انتظار کروں گی۔ کیا آپ میری تمنّائی نظروں کو مایوس کر دیں گے۔ ؟ نہیں۔ ہر گز نہیں۔ آپ جہاں میری خاطر اور مجھ تک پہنچنے میں قطبِ جنوبی اور قطبِ شمالی کو طے کر سکتے ہیں۔ دنیا بھر کے بحر ہائے بیکراں کو عبور فرما سکتے ہیں۔ اور طلسمِ ہوشربا کو اُس کی تمام ساحرانہ عظمتوں کے باوجود توڑ پھوڑ سکتے ہیں۔ وہاں ناممکن ہے۔ کہ آپ یہ ذرا سی بے حقیقت تکلیف برداشت نہ فرما سکیں۔ کیوں ؟ مگر ہو سکتا ہے۔ کہ اب لکھنؤ کے اُس نئے حُسنِ نازنین کی خلش نے آپ کے فرسُودہ جوش و خروش کو سرد کر دیا ہو ؟؟؟ بہر کیف میں منتظر رہوں گی۔ آپ کی مرضی۔

زیادہ حدِّ ادب۔ اُمّیدِ نوازش

راقمہ

نہ دل بدلا، نہ دل کی آرزو بدلی نہ وہ بدلے
میں کیونکر اعتبارِ انقلابِ آسمان کر لوں

کیوں صاحب۔ کیا آپ کو اپنا یہ شعر یاد ہے۔

دنیا میں تیرے عشق کا چرچا نہ کریں گے
مر جائیں گے لیکن تجھے رُسوا نہ کریں گے

اگر یاد ہے۔ تو پھر خدارا اِنصاف سے کہئے۔ کہ آپ کو کون سا حق حاصل ہے کہ آپ میری بے اختیارانہ اُفتادگیوں اور اپنے بے رحمانہ طرزِ عمل کو ایک شاعر کا خواب بنا کر منظرِ عام پر لائیں۔ ؟اور فضائے عالم میں مجھے جی کھول کر رُسوا کریں؟ مانا۔ کہ میں گنہگار ہوں۔ مگر اِس کے یہ معنی نہیں ہو سکتے کہ آپ مجھے عام نگاہوں کی ٹھوکروں میں اِس حقارت سے پھینک دیں۔ آخر (۱۰۰) سو گناہ۔ خدا بخشتا ہے۔ ایک اگر آپ بھی بخش دیں تو کیا غضب ہو جائے گا۔ ؟

میں آپ سے درخواست کرتی ہوں۔ میں التجا کرتی ہوں کہ مہربانی کر کے شاعر کے خواب میں میرے خطوط نہ نقل کیجئے۔ خواہ وہ سلمیٰ ہی کے نام سے کیوں نہ ہوں ؟ میں آپ کی منّتیں کرتی ہوں کہ ہرگز نہ نقل کیجئے۔ علاوہ بریں۔ افسانہ اِس انداز میں لکھئے کہ ناظرین پر حقیقت منکشف نہ ہونے پائے۔

کیا آپ اشاعت سے پہلے مسوّدہ مجھے دِکھا سکتے ہیں۔

میں نے آج تک اپنا راز۔ اپنا وہ راز جس میں بقول آپ کے۔ اور یوں بھی آپ کے دل کے ٹکڑے بھی ہیں۔ کسی ذی روح سے بیان نہیں کیا۔ میری بیسیوں عزیز اور مخلص ترین سہیلیاں موجود ہیں۔ مگر قسم لے لیجئے جو اُن میں سے۔ میں نے کسی کو بھی اپنی راز دار بنانے کی کوشش کی ہو۔ محض اِس خیال سے کہ مبادا بعد کو پشیمان ہونا پڑے۔ مگر

نہایت افسوس ہے کہ آپ کو اِس بات کا مطلق احساس نہیں۔ یا دوسرے الفاظ میں مجھے یہ کہنا چاہئے کہ آپ کو (آپ کے الفاظ میں) ایک سچّا عاشق ہونے کے باوجود میرے ناموس کا ذرا بھی پاس و لحاظ نہیں ہے۔ ورنہ آپ اپنے دوستوں کے سامنے میری تباہیوں کا حال اِس طرح مزے لے لے کر بیان نہ کرتے۔ ہائے!

یارب کبھی کسی پہ کسی کا نہ آئے دل

بہر حال اب اتنی نوازش اور کیجئے کہ مجھے اُن لوگوں کے نام لکھ بھیجئے۔ جن کو آپ نے از راہِ کرم میرے تمام خطوط دِکھلائے ہیں۔ اور میرے صحیح پتہ سے مطلع فرمایا ہے۔ تا کہ میں آنے والی مصیبت کے لئے بھی تیّار ہو جاؤں۔

ہاں آپ کے مکتوباتِ گرامی آپ کو واپس کئے جاتے ہیں۔ مگر اِس شرط پر کہ میرے عریضے بھی مجھے واپس بھیج دیے جاویں۔ دیکھئے آپ کو ہماری جان کی قسم اِس پر ضرور عمل کیجئے۔ دو فروری کو رات کے ایک بجے میں آپ کا انتظار کروں گی؟ آپ کو عریضہ ہٰذا کا جواب اور شاعر۔ یعنی۔ آپ کا خواب۔ اور میرے مرسلہ خطوط (غالباً ۱۲ ہوں گے) لے کر عین وقت پر یہاں پہنچ جانا چاہئے۔ میں بھی آپ کے خطوط حاضر کر دوں گی۔۔۔ اب کی مرتبہ بیٹھنے کا موقع نہیں ملے گا۔ کیونکہ۔۔۔۔سے چچا جان اور چچّی جان آئے ہوئے ہیں۔

مجھے اُمید ہے کہ آپ آئندہ مجھ سے ملنے کی آرزو نہ کریں گے۔ لیکن میں ڈرتی ہوں کہ کہیں صورت دیکھ کر میں اپنی ادائیگیِ فرض سے قاصر نہ رہ جاؤں۔

۔۔۔ یہ دل آپ کا ہے۔۔۔ اور تا دمِ آخر آپ ہی کا رہے گا۔۔۔ زندگی ایک خوابِ پریشاں ہے۔ اور بس۔ دُنیا ایک سرائے فانی ہے اور کچھ نہیں۔ یہاں شکستِ آرزو۔ اور ذبحِ حیات کے سوا۔ کوئی مؤثر تماشا نہیں۔ کوئی دلچسپ منظر نہیں۔۔۔ اگر

ہم چرخِ ستم گار اور اپنے بختِ جفا کار کی بدولت اِس دنیا میں نہیں مل سکے۔ تو انشاء اللہ دوسری دنیا میں ضرور ملیں گے۔

میں کل پرسوں تک بھائی جان کے ہمراہ لکھنؤ جا رہی ہوں۔ وہاں سے ایک مضمون آپ کی خدمت میں بھیجوں گی۔ ذرا اصلاح فرما دیجئے گا۔ یہ سب باتیں زبانی عرض کرتی۔ مگر افسوس۔ اُس وقت مہلت کم تھی۔ اور دوسرے یہ کہ مجھے اِس کے سوا کسی بات کا ہوش نہ تھا۔

کبھی ہم اُن کو کبھی اپنے گھر کو دیکھتے ہیں

خدا کی قسم میں سچ کہتی ہوں۔ کہ آپ کا وہ خط۔ ہاں وہ فریب دہ خط میرے دلی رنج و قلق کا باعث ہوا تھا۔ ہائے۔ آپ اندازہ نہیں کر سکتے۔ کہ اُس وقت یہ جان کر میں نے کس درجہ روحی کرب محسوس کیا تھا۔ کہ اللہ جس تقریبِ غم پر میری آنکھیں۔ میری محزوں آنکھیں خون برسانے کو آمادہ ہو رہی ہیں۔ اُسی حادثۂ اَلم پر وہ ظالم شخص دلی فرحت وانبساط کے ساتھ مبارکباد دے رہا ہے۔ گویا وہ ایک بلائے بے درماں سے پیچھا چھڑانے کے مدّت سے آرزومند تھے اور جبکہ اُن کی وہ آرزوئے دیرینہ پوری ہونے کو ہے تو وہ اظہارِ مسرّت کر رہے ہیں۔ مگر۔ مجھے علم نہ تھا کہ دراصل معاملہ اِس کے برعکس ہے۔ خیر اَب چونکہ "رنجیدہ" ہونے میں آپ اور میں برابر ہیں۔ اِس لئے اِس المناک موضوع پر کچھ اور لکھنا غیر ضروری ہو گا۔

اگر آپ خفا نہ ہوں تو کہوں کہ اِن دنوں جو صدمۂ عظیم اور عذاب الیم آپ کو برداشت کرنا پڑا ہے۔ وہ حقیقت میں میری ہی بد دعا کا تلخ ثمرہ ہے۔ کسی نے خُوب کہا ہے۔

تُو بھی ٹھنڈا نہ رہا جی کو جلانے والے

دردمندوں کی دعا دیکھ لے خالی نہ گئی

آپ کو معلوم نہیں۔ کہ آج سے ایک سال قبل آپ کی نئی زندگی کی خبرِ وحشت اثر میرے خرمنِ دل ودماغ پر بجلی ہو کر گری تھی۔ تو بے اختیار میری زبان سے یہ الفاظ نکل گئے تھے۔ کہ الٰہی میرے ستانے اور جلانے والے بھی اُسی طرح ستائے اور جلائے جائیں۔ لیکن آج میں بصد ندامت اپنے یہ الفاظ واپس لیتی ہوں۔ کیا آپ میرا قصوّر نظر انداز نہ فرمادیں گے۔؟

جی ہاں۔ مجھے معلوم تھا کہ محبّت اِس سے کہیں زیادہ بلند اور باعظمت ثبوت چاہا کرتی ہے۔ بلکہ میرے خیال میں توماں کا دل لینے والی لڑکی نے بھی ایک حد تک اپنے طالب سے لحاظ و مروّت کا سلوک روا رکھا تھا۔ لیکن میں آپ کے اتنے سے ثبوت پر ہی نازاں ہونے کے لئے مجبور تھی۔ اِس لئے کہ میرا تو معاملہ ہی علیحدہ تھا(ہے)یعنی میں طالب اور آپ۔۔۔؟

"نام نہاد" محبّت سے میں تو نہیں اُکتائی۔ اور نہ کبھی اُکتا سکتی ہوں۔ ہاں آپ اپنی کہیئے۔ دو دن میں ہی اُکتا کر۔ گھبرا کر جواب صاف نہ لکھ بھیجیں تو سہی۔ مگر یاد رکھیئے۔ کہ اگر ایسا ہوا۔ تو پھر میں ہرگز زندہ نہ رہنے پاؤں گی۔ کیونکہ

دل جس سے زندہ ہے وہ تمنّا تمہیں تو ہو
ہم جس میں بس رہے ہیں وہ دنیا تمہیں تو ہو

مکرّر آنکہ

آپ مجھے تم ہی سے مخاطب کیا کریں۔ مجھے آپ کی زبان سے یہ لفظ بہت بھلا معلوم ہوتا ہے۔

"وہی نیاز کیش"

مرے دل میں تصوّر ہے ضیائے رُوئے کوکب کا
خدا آباد رکھے کس قدر روشن مرا گھر ہے

بیا اے روح بخشِ ہستیِ ما
بیا اے مایۂ سرمستیِ ما
بکن سرمست با یک جامِ سرشار
کہ فارغ باشم از بکند لازار

خطِ فرحت نمط پہنچا۔ الحمد للہ ربِّ العالمین کہ حضور نے اپنی خفگی کے اظہار کو واپس لے کر اِس "ناچیز"، "بدنصیب" اور "بے ہودہ" لڑکی کو پھر "تم" کے سے شیریں خطاب سے مخاطب فرمانے کی عزّت بخشی۔۔۔ لیکن میرا خیال ہے کہ آپ ابھی مکمّل طور پر راضی نہیں ہوئے۔ یعنی ابھی آپ کا آئینۂ دل میری طرف سے غبار آلود ہے۔ کیوں ہے نا؟ افسوس۔

اُفتادِ طبیعت سے وہ مجبور ہیں ورنہ
کچھ بھی سببِ رنجشِ بے جا نہیں ہوتا

اگرچہ۔ اب۔ ملاقات ایک وجہ سے بہت مشکل نظر آتی ہے۔ تاہم آپ کے حکم سے اِنحراف کرنے کی مجھ میں تاب و طاقت نہیں۔ ۲۲-فروری کو رات کے ڈیڑھ بجے تشریف لے آیئے۔ آپ کی "تقدیسِ محبّت" سے مجھے اُمیدِ واثق ہے کہ ہماری یہ ملاقات بھی "ملکوتی معصومیت" سے مملو رہے گی۔ یہ بہت بڑی بات ہے۔ کہ آپ اپنی زبردست شخصیت سے دانستہ چشم پوشی اختیار کر کے اُس سے زیادہ خاکساری ظاہر کرتے ہیں۔ اور پھر مزید ستم ظریفی یہ کہ مجھے شرمندہ کرنے کی غرض سے۔ میری ناجائز

تعریف میں زمین آسمان کے قلابے ملانے سے بھی دریغ نہیں کرتے۔ حالانکہ آپ کو بخوبی علم ہے کہ میں ''حسنِ صورت'' اور ''حسنِ معنی'' دونوں کے لحاظ سے صفر کے برابر ہوں۔ اور بس۔ آپ ایک باکمال شاعر۔ ایک رنگیں طراز ادیب۔ اور میں کیا؟ ایک ''جہلِ مرکّب'' ہستی۔

چہ نسبت خاک را بہ عالمِ پاک؟

آپ کے سوالات کا جواب پھر دوں گی۔ اُمید ہے کہ آپ اِس پھر سے پھر ناراض نہیں ہو جائیں گے۔

آپ کے خط کے ورُود کی خوشی میں صبح سے اب تک ہارمونیم بجا رہی ہوں۔ موسیقی کی دلفریبیوں میں شک نہیں۔ مگر کیا آپ بتا سکتے ہیں؟ کہ وہ نغمے جو آج ساز کے پردوں سے مچل رہے ہیں اَور دنوں کی نسبت زیادہ مؤثر اور شیریں کیوں ہیں۔؟ آپ خلیقی کی زبان میں اِس رنگ و بُو کی چیستاں کو بُوجھئے۔ تو جانیں؟ آج میں کالج بھی نہیں گئی۔ والدہ صاحبہ نے ایک ملازم کو ڈرگ ہاؤس بھیجا ہے کہ میرے لئے دردِ سر کی دوا لائے۔ کیوں۔؟ اِس لئے کہ یہ کالج نہ جانے کا بہانہ ہے۔ آپ مُسکرائے کیوں ہیں؟۔۔۔ یہ نرا بہانہ ہی نہیں بلکہ واقعی میرے سر میں درد ہے آہ! غیر معمولی جذباتِ مسرّت کا ہجوم بھی تو سر میں درد پیدا کر دیتا ہے۔ یہ علیحدہ بات ہے کہ والدہ کو درد کی فکر ہو۔ اور مجھے اِسی درد کی طلب۔

کچھ نہ سمجھے خدا کرے کوئی

باقی بوقتِ ملاقات۔ والسّلام

نیاز آگیں

سلمیٰ

تیرے آنے میں راہ گِنت ہوں
تارے گنت ہوں رتیاں !!!

(پشت پر پنسل سے) ۲۲-فروری کے بجائے اگر ۱۲- فروری بروز منگل رات کے ایک بجے آئیں تو بہت بہتر ہوگا۔ تاکیداً عرض ہے۔

وہ جلد آئیں گے یا دیر میں خدا جانے
میں گُل بچھاؤں کہ کلیاں بچھاؤں بستر پر

بخدا۔ آپ کے تاجور کے اِس شعر کا مفہوم میری سمجھ میں نہیں آتا تھا کہ۔

تڑپ رہے ہیں شبِ انتظار سونے دے
نہ چھیڑ ہم کو دلِ بے قرار سونے دے

مگر آج آپ کی ستم پیشگی اور جفاجوئی نے مجھے اِس کا تلخ مفہوم سمجھا دیا۔ آپ کے جاں خراش انتظار میں ۲۱ اور ۲۲-فروری کی دونوں بھیانک راتیں مع اپنی حشر انگیز طولانیوں کے۔ آنکھوں۔ اِن مستیِ خواب سے بیگانہ آنکھوں میں کٹ گئیں۔ مگر آپ نہ آئے۔ آہ!۔

غضب کیا ترے وعدے پہ اعتبار کیا
تمام رات قیامت کا انتظار کیا

کاش آپ کو معلوم ہوتا۔ آپ معلوم کر سکتے کہ میں نے شوق سے آپ کے خیر مقدم کی تیاریاں کی تھیں۔

اے بسا آرزو کہ خاک شدہ

آخر آپ آئے کیوں نہیں؟ بتلایئے وہ کون زبردست طاقت تھی؟ جس نے آپ کا

راستہ روک لیا؟ مجھے بتلایئے وہ کون کمبخت تھا۔ جس نے میری محبّت پر فتح پائی۔ ؟؟

کیا اب آپ نہیں آئیں گے ؟ مجھ سے ملنے کبھی نہیں آئیں گے ؟ کیا میں نا امید ہو جاؤں ؟ آہ! آپ کی طرف سے قطعاً نا امید ہو جاؤں ؟ کیا اب مجھے آپ کی محبّت کی طرف سے (اگر وہ سچ مچ محبّت ہے تو) بالکل مایوس ہو جانا چاہئے۔ نہیں۔ نہیں۔ آہ!۔ یہ نہیں ہو سکتا۔ سُنتے ہیں آپ ؟ میں آپ کی محبّت سے مایوس نہیں ہو سکتی۔ اور نہ آپ ہی مجھے مایوس کر سکتے ہیں۔ لیکن اب میں محسوس کرتی ہوں۔ کہ میرا یہ خیال سراسر غلط تھا۔ دیکھئے میں درخواست کرتی ہوں کہ اب میرا گناہ معاف کریں۔ اور جیسے بھی ہو۔ ایک مرتبہ ضرور مجھ سے ملیے۔ میں ایک ضروری امر کے متعلق آپ سے زبانی گفتگو کرنا چاہتی ہوں۔ ۲۵- فروری کو رات کے ایک بجے کے قریب (صرف دو گھنٹہ کے لئے) جی کڑا کیجئے۔ عنایت ہو گی۔ اور ہاں۔ اگر میری یہ درخواست نا منظور ہو۔ تو پھر اتنی نوازش ضرور فرمایئے کہ ۲۵- تاریخ کو دن کے اُسی حصہ میں خط کے ذریعہ مجھے اطلاع دیجئے۔ یا دوسرے الفاظ میں جوابِ صاف لکھ بھیجئے تاکہ میری رہی سہی اُمید کا بھی خاتمہ باعزّت ہو جائے۔

نکالا تیر سینے سے کہ جانِ پُر الم نکلے
جو یہ نکلے تو دل نکلے، جو دل نکلے تو دم نکلے

اب میں آپ کے بعض سوالات کا جواب دیتی ہوں۔

۱۔ سب سے پہلے میں نے آپ کا نام (''ہمایوں'' لاہور) میں پڑھا تھا۔

۲۔ سب سے پہلے آپ کا ایک افسانہ ''پیکِ نغمہ'' کے عنوان سے میری نظر سے گزرا تھا۔ پھر اس کے بعد ملک کے مختلف پرچوں میں آپ کے مضامین (نظم و نثر)

۳۔ اُن کے کیا کیا اثرات مجھ پر ہوئے ؟ آہ! یہ نہ پوچھئے۔ کہ اپنی ہلاکتوں اور تباہیوں

کے طویل افسانہ کو دُہرانے کی میری زبانِ قلم میں ہمّت نہیں۔ طاقت نہیں۔

۴۔ پھر۔۔۔ رفتہ رفتہ میرے احساسات کا یہ عالم ہوا کہ اگر میں زندہ ہوں تو صرف اُسی "ساحر" کے لئے جس نے پردہ ہی پردہ میں مجھے مسحور کر لیا ہے۔ اور پہلا خط لکھنے تک یہی محسوسات اور خیالات قائم تھے۔ (اور جو اَب بھی قائم ہیں)

۵۔ سلمیٰ نام منتخب کرنے کی اور کوئی وجہ نہ تھی۔ سوائے اِس کے کہ پہلے یہ میرا تخلّص تھا۔

۶۔ میں نہیں جانتی کہ "اے عشق کہیں لے چل" میں آپ نے کس کو مخاطب کیا ہے؟ البتہ یہ کہہ سکتی ہوں کہ آپ کی اِس غیر فانی نظم نے میرے دل و دماغ پر گہرا اور حزن انگیز اثر ڈالا تھا۔ خصوصاً اس بند کی یاسیت نے تو دل و جگر کے ٹکڑے اُڑا دیئے ہیں۔

یہ جبر کدہ، آزاد افکار کا دشمن ہے
ارمانوں کا قاتل ہے، اُمیدوں کا رہزن ہے
جذبات کا مقتل ہے، جذبات کا مدفن ہے
چل یاں سے کہیں لے چل
اے عشق کہیں لے چل

مگر آپ کے اِس بند سے تو شبہ ہوتا ہے کہ اِس نظم کی معنوی مخاطب میری نیاز مندیِ محبت ہے۔

قدرت ہے حمایت پر ہمدرد ہے قسمت بھی
سلمیٰ بھی ہے پہلو میں سلمیٰ کی محبت بھی
ہر شے سے فراغت ہے پھر تیری عنایت بھی
پرواہی نہیں لے چل

اے عشق کہیں لے چل

مگر میں کیونکر یقین کروں ؟؟

۷۔ میں وثوق سے کہہ سکتی ہوں کہ "اُن کا خط" اور "بعد از وقت" کے راقم آپ خود تھے۔ اور انجم صاحب نے ج۔ ب کو مخاطب فرمایا تھا۔ (کیوں)

۸۔ میں نے سب سے پہلی بار آپ کو نومبر ۵۲ء میں دیکھا تھا جب کہ آپ سب سے پہلی مرتبہ ہمارے ہاں آئے تھے۔ آئے نہیں تھے۔ بلکہ آپ کو میرا جذبات بھرا دل کھینچ لایا تھا۔۔۔ کیوں ؟؟

۹۔ میری کسی سہیلی کو یہ بد عادت نہیں ہے کہ اِس طرح گمنام خطوط بھیجا کریں بلکہ میرا خیال ہے۔ کہ اگر وہ میری مجبورانہ حماقت شعاریوں سے واقف ہو جائیں تو مجھے ہدفِ ملامت بنالیں۔ اُس کی نسبت آپ کا ایسا خیال نہیں ہونا چاہئے۔ مگر آپ طنزیں کرنے پر مجبور ہیں۔ کیونکہ ایک مچھلی سارے جل کو گندہ کرتی ہے۔ آہ! میری بے حمیّتی۔

۱۰۔ شعر کہنے کا اکثر شوق ہوا ہے۔ مجھے شاعری کا فقط شوق ہی نہ تھا بلکہ جنون تھا۔ مگر خلیقی دہلوی کے افسانہ "تہمتِ شباب" پر آپ کا لمبا چوڑا اور بے پناہ نوٹ پڑھ کر (جس میں آپ نے شاعری کو بے چاری عورتوں کے لئے حرام چیز قرار دیا تھا۔ اور شاعرہ عورتوں پر تہذیب کے پردے میں لعنت کے تیر برسائے تھے) میرے شاعرانہ خیالات بُجھ گئے تھے۔

۱۱۔۔۔۔ کے ہاں شاید نہ جاسکوں۔۔۔ اور ہاں۔ یہ تو فرمایئے کہ۔۔۔ کے حال پر جناب کی اتنی مہربانی کیوں ہے ؟ کیا اس لئے کہ۔۔۔ اب کیا کہوں ؟ ناحق کو آپ خفا ہو جائیں گے۔

یقین فرمایئے کہ مجھے اپنے خطوط کے بارے میں آپ سے کسی قسم کا کوئی اندیشہ

نہیں ہے۔ میں ہمیشہ سے اور (خواہ مخواہ) آپ کو اپنا سمجھتی ہوں۔ اِس لئے میرا اور آپ کا راز بھی ایک ہی ہے۔ اگر یہ بات ہوتی تو میں خط و کتابت کے سلسلہ کو کیوں جاری رکھتی؟ خصوصاً یہ مفصّل خط۔ جس میں میری حیات و ممات کا راز مضمر ہے۔ آپ کو کیوں بھیجتی۔؟ بخدا مجھے آپ پر۔ آپ کی ذات پر پورا پورا بھروسہ ہے۔ آپ کی شرافت و نجابت پر اعتماد ہے۔ یقیناً آپ میری عزّت و آبرو کا اُتنا ہی پاس و لحاظ رکھیں گے جتنا ایک بھائی اپنی بہن کا رکھ سکتا ہے۔ اب آپ کو یہ معلوم ہونا چاہئے۔ کہ میری محبّت (جو مجھے آپ سے ہے اور ہمیشہ رہے گی) عام محبّتوں سے بالکل علیحدہ ہے۔ افسوس کہ مجھ میں اتنی قابلیت نہیں کہ میں اِس کا صحیح مفہوم آپ کو سمجھا سکوں۔۔۔۔ بس آپ خود ہی سمجھ لیجئے۔ خطوط واپس طلب کرنے سے میرا صرف یہ مقصد تھا کہ شاید اُنہیں آپ کے پاس دوسرے لوگ دیکھ لیں۔ نیز پہلے آپ نے اپنے خطوط واپس مانگے تھے جس سے مجھے رنج پہنچا تھا۔ بہر حال آپ چونکہ تبادلۂ خطوط کو قطع تعلقی پر محمول کرتے ہیں۔ اِس لئے میں اپنے وہ الفاظ واپس لیتی ہوں اور ساتھ ہی آپ سے معافی بھی چاہتی ہوں۔ خدارا اب آپ غصہ تھوک دیجئے۔ اب کبھی ایسی حماقت نہیں کروں گی۔

آپ فسانہ شوق سے مکمّل کر سکتے ہیں۔ مگر اِس شرط پر کہ مطلقاً افشائے راز نہ ہو۔ میں اُس دن کا نہایت بے صبری سے انتظار کر رہی ہوں جبکہ ایک "شاعر کا خواب" میرے پاس بھیجیں گے۔ آخر یہ افسانہ کب تک اختتام کو پہنچے گا؟ میں عنقریب چلی جاؤں گی۔ ہائے۔ خدا جانے کیا بات ہے؟ کہ اپنے جانے کا خیال مجھے موت سے کم نہیں۔ حالانکہ یہاں رہ کر بھی کوئی خاص فائدہ نہیں۔ آپ میرے حق میں۔ میرے لئے دعا کریں۔

یہ خط بہت طویل ہو گیا۔ اِس لئے اب آپ اجازت دیں کہ اِسے یہیں ختم کر دوں۔

بقیہ باتیں زبانی۔ اگر آپ مہربانی فرمائیں تو معاف کیجئے گا۔ یہ خط میں نے بہت جلدی میں لکھا ہے۔ جس کا ثبوت میری خوش نویسی زبانِ حال سے دے گی۔ یہاں میں پھر عرض کر دوں کہ آپ کے نہ آنے کا مجھے نہایت شدید صدمہ پہنچا ہے جس کی اب آپ کو تلافی کرنی چاہیے۔

والسّلام

''سلمائے کوکب''

''کیف'' کے عرس نمبر میں آپ کا مضمون بعنوان ''محبت'' بہت ہی دلچسپ۔ دلفریب اور جاذبِ توجہ ہے۔

کوکب کا خط

مجھے کہلوانا۔ کہ آج روانگی ہے۔ اور پھر کوٹھی پر میرا انتظار۔۔۔۔۔ معقول۔!!

بسر و چشم حاضری کو آمادہ ہوں۔ مگر اب کیونکر ملاقات ہو سکتی ہے؟ میرا تو خیال تھا کہ سردی کا موسم ہی اِس معاملہ میں فیاض تھا۔

(ک)

سلمیٰ کا خط

آپ اگر ملنا نہیں چاہتے۔ تو نہ سہی۔ ہزار بار نہ سہی۔ خوشامد کس نے کی ہے۔ آپ کی۔ ؟؟ میں نے صرف اُس معاملے کی وجہ سے خواہش ظاہر کی تھی۔ مگر خیر اَب اس کی

بھی چنداں ضرورت نہیں رہی۔۔۔۔!! گھبرایئے نہیں۔ اِسی ہفتہ کے خاتمہ تک د۔ ف۔ ع۔ ہو جاؤں گی۔ پھر تو آپ کو چین آجائے گا نا۔؟؟

آپ کی وبالِ جان۔

(س)۔۔۔۔!

سلمیٰ کا خط

اچھے

اپنی پچھلی محبت کے صدقے میں، آج رات کے ایک بجے اپنے قیمتی وقت کے چند لمحے ضرور مجھے دو۔

بارش کی وجہ سے سردی ہو گئی ہے۔ اِس لئے یقیناً آج کی رات میرے حق میں۔ میری محبت کے حق میں۔ فیاض ثابت ہو گی۔ میں اپنے پچھلے الفاظ پر قائم رہتی۔ اور ناحق کسی کی زحمت کا باعث نہ ہوتی۔ مگر افسوس ہے، کہ اُسی کمبخت معاملہ کی وجہ سے مجبور ہو گئی ہوں۔ بخدا!۔ اِس کے علاوہ اور کوئی بات نہیں۔

آپ کے اخلاقِ حمیدہ سے واثق اُمید ہے کہ آپ حاملِ رقعہ ہٰذا کی معرفت مجھے اپنے فیصلہ سے ابھی ابھی مطلع فرمائیں گے۔!!

والسلام

عمرت دراز باد فراموش گارِ من

کوکب کا خط

حکم کی تعمیل کی جائے گی!

کوکب کا خط

عزیزِ خاطرِ آشُفتہ حالاں۔ اپنے بیمارِ محبت کا۔ ہاں اپنے کوکب کا پیار قبول کرو۔ تمہاری دوسری ملاقات میرے لئے پہلی کی بہ نسبت زیادہ تباہ کُن تھی۔ کہ وہ آغاز تھی۔ خلافِ توقع کامیابیِ نصیب کی حیرت سامانیوں کا، اور یقین تھی جذباتِ محبّت کی عروج پردازیوں کی تکمیل کا۔ آہ! اگر میری ساری زندگی بھی اُس رات کی نشاط آرائیوں کی یاد میں۔ ہاں خوشگوار اور لذیذ یاد میں۔۔۔ اور دل گداز منظر تمہارے معصوم آنسوؤں کی بے اختیاریوں کا تھا۔ آہ! محبت کے اُن آنسوؤں کا۔۔۔۔ جو۔۔۔۔ میری جان۔ تمہارے جذباتِ معصوم اور حسیّاتِ نازک کے ہزار ہا افسانے تاثر سے لبریز تھے۔ میں کامل ندامت آگینی کے ساتھ محسوس کرتا ہوں کہ میں نے جو تمہارے آنسوؤں سے بھیگے ہوئے آنچل اور اُن شاداب موتیوں سے بھری ہوئی آنکھوں کو دیکھ کر کہا تھا۔ کہ یہ پانی کیا ہے ؟تو کس قدر بے دردانہ، بے رحمانہ مذاق کیا تھا؟ محض اِس لئے کہ تم مجھ سے شکایت کرو۔ تم مجھ سے گلہ مندانہ لہجہ میں بات کرو۔ مگر آہ! تمہاری غیرتِ حُسن اور حمیتِ عشق نے اُسے برداشت نہیں کیا۔ اور تم نے میرے اِس اِرادی مغالطہ کی تردید نہ کی۔ ہائے ! میں کس درجہ سنگدل ہوں گا۔ کس قدر حِسیّ القلب ہوں گا۔ اگر اب بھی تمہیں یہ نہ بتلاؤں گا۔ کہ تمہارے میخانہ ہائے حُسن وشباب سے چھلک پڑنے والی شرابِ جذبات کی بے اختیارانہ غمّازی مجھ سے چھپی نہیں رہی۔ میرے دل کے بھی ٹکڑے ہو رہے تھے۔ میری روح بھی ماتم کر رہی تھی۔ مگر مدّتوں سے آنسو بہنے کی طاقت ہے۔ ضبط

کی تاب ہے۔ رنج و غم سہنے اور اُف نہ کہنے کا خوگر ہو گیا ہوں۔ یوں بھی پرواز فطرت کی گرفتگی کا اقتضاء ہوتا ہے۔

دل میں ہزار درد اُٹھے آنکھ تر نہ ہو

لاچار۔ تمہارا دل بہلانے کی۔ تمہیں ہنسانے کی کوشش کرتا رہا کہ رونے کے لئے تو ابھی بہت عمر باقی ہے۔ آہ! حال و مستقبل کی فراخ دامانی اِس مشغلہ کے لئے بہت کافی ہے۔

رات دن رویا کئے شام و سحر رویا کئے

کچھ نہ روئے آہ، گرہم عمر بھر رویا کئے

میرے پچھلے طرزِ عمل پر تم نے جو تنقید کی ہے۔ اُس کے طرزِ استدلال کی داد دیتا ہوں مگر بات صرف یہ ہے۔ (جیسا کہ میں زبانی عرض کر چکا ہوں) کہ جب تمہارا پہلا خط مجھے ملا ہے تو دل ہمہ تن اُس کی صداقتِ حیثیت پر یقین کرتا تھا۔ مگر دماغ اِس سے انکاری تھا۔ یہی وجہ ہے کہ وہ دو نوٹ مختلف انداز سے لکھے گئے تھے اور اُن سے مقصود صرف یہ تھا کہ اگر اِس پردہ میں فی الحقیقت کوئی نسوانی ہستی جلوہ گر ہوں گی۔ تو وہ پہلے نوٹ کو اپنے لئے سمجھیں گی۔ اور اگر صنفِ کرخت کا کوئی نمائندہ ہو گا۔ تو دوسرے کو۔ اور اس طرح یہ جان کر کہ میں اُس کی حرکت سے اُس کے سرپرست کا پتہ لگا چکا ہوں۔ وہ خاموش ہو جائے گا۔ چنانچہ یہ تدبیر کارگر ہوئی۔ اور چونکہ کوئی مرد پس پردہ نہ تھا۔ اِس لئے خاموش بھی نہ ہوئی۔ تم نے صرف اتنی غلطی کی کہ تم دونوں نوٹوں کو اپنے لئے سمجھیں۔

مجھ سے۔ میری آوارہ شبابی سے۔ جو بدگمانیاں تمہیں ہیں۔ اُن میں اب ہندوستان کی ایک عریاں نگار خاتون بھی داخل ہو گئی ہے؟ خدا خیر کرے! یہ فہرست کہاں جا کر ختم ہوتی ہے؟

اگر تم جنسِ کرخت سے علاقہ رکھتی ہو تو میں اِس صنف پر مٹنا ہی نہیں جانتا بلکہ اس پر اپنا آپ قربان کرنا بھی مجھے آتا ہے۔ اور

اِک نہ اِک روز ترے عشق میں ہونا ہے یہی

میرے خط کے جس فقرہ پر تم نے اعتراض کیا ہے۔ وہ میری دانست میں (بے ادبی معاف) اب بھی صحیح ہے۔ نکتہ اتنا سا ہے کہ تمہارے پہلے خط پر مجھے نسائیت کا یقین تھا۔ مگر میں اُس پر یقین نہیں کرنا چاہتا تھا کہ کہیں پردہ اُٹھنے پر کسی اور صنف سے پالا نہ پڑے۔ اور بس۔ اُمید ہے کہ اِس تصریح کے بعد تم تمام حالات سے باخبر ہو جاؤ گی۔ اِس کے بعد اب میں پھر اسی فقرہ کو دُہراتا ہوں کہ تم میرا ایک بھی قصور ثابت نہیں کر سکتیں۔ افسوس ہے کہ تم نے کبھی انصاف کی نظر سے اِن معاملات کو نہیں دیکھا۔ اور یہ تمہارے لئے کوئی نئی بات نہیں کہ تمہاری صنف کی ستم آرائیوں کا اقتضائے فطری ہے۔ یا پھر وہ اقتضائے فطری جس کا نتیجہ ستم آرائی ہی ہوتا ہے۔

جی ہاں۔ عورت کی ہستی جن لطافتوں کی حامل ہوتی ہے اُن کا مجھے علم ہے اور اب تو اچھّی طرح علم ہو گیا ہے۔ آگے کہوں گا تو ناحق شرما جاؤ گی۔ رہا اعترافِ محبت پر عدم اعتماد۔ تو اِس کے سوا کیا کہوں کہ۔

مری خاک بھی لحد میں نہ رہی امیر باقی
اُنہیں مرنے ہی کا اب تک نہیں اعتبار ہوتا

اپنے بنائے جانے کی مجھ سے شکایت نہ کرو۔ قدرت کی صنعت کارانہ صنم سازیوں کو گالیاں دو۔ میں نے تمہیں اپنے لطیف ترین تخیّل کے پیکر میں، ایک انا الحق بنا کر پیش کیا ہے۔ میں غریب اس معاملہ میں بے قصور ہوں۔

مجھے یاد نہیں رہا۔ (کیا بتاؤں کہ دماغی توازن کی کیسی زار حالت ہو رہی ہے) کہ میں نے کون سے الفاظ واپس لئے تھے؟ جنہیں تم "تملق" اور چاپلوسی سمجھ رہی ہو۔ بہر کیف "ا"

لو کھڑے ہیں ہاتھ باندھے ہم تمہارے سامنے

رہا تملق اور چاپلوسی۔ تو یہ تو اَب میری فطرت ہے۔ اِس کے بغیر آپ کی ہم جنس ہستیاں سیدھی بھی تو نہیں ہوتیں۔۔۔۔لو اب اور چِڑھو۔

صحتِ مضمون کی بھی ایک ہی کہی۔ میں نے تو لکھ دیا تھا بخدا قلم لگانے کی بھی ضرورت نہ تھی۔ ڈرتے ڈرتے خواہ مخواہ ایک دو جگہ چھیڑا۔ تو وہ یقیناً کسی وقعت کا مستحق نہیں۔ تم میری نیاز مندیوں اور جہالتوں کو ناحق کانٹوں میں نہ گھسیٹو۔ مگر تم کہاں سُنتی ہو؟

میں یقینی طور پر نہیں کہہ سکتا کہ۔۔۔۔ خود لکھتی ہیں یا اجرت پر لکھواتی ہیں۔ کیونکہ کلام نظم و نثر کا انداز تمام تر سیمابی ہے۔ یہ البتہ یقینی ہے کہ وہ ساغر سے نہیں لکھواتیں۔ کیونکہ وہ غریب خود ایک حرف نہیں لکھ سکتا۔ جو کچھ ہوتا ہے سیماب کا ہوتا ہے۔

منصور کے پردے میں خدا بول رہا ہے

خیر تمہیں اِس ذکر سے کیا مطلب؟ کسی سے لکھواتی ہوں۔

۷-مارچ کے بارے میں مجھے بھی صرف حیرت ہے اور بس۔۔۔۔ بدنصیبی کے سوا کیا تاویل کروں؟ میری گھڑی غلط ضرور تھی مگر اتنی نہیں کہ۔۔۔۔ ظفر علی خاں سے بمشکل پیچھا چھڑا کر دفتر سے نکلا تھا۔ مگر افسوس کہ پھر بھی کامیابی نہیں ہوئی۔ اِسی غصّہ میں میں نے زمیندار سے قطع تعلقی کر لی ہے۔

کیا میں شکریہ ادا کروں ؟ کہ حضور کو میری صحت کا اتنا خیال ہے ؟ آہ! اب تم مجھے اپنی صحت کی پُرسش پر مجبور کر رہی ہو جبکہ صحّت اور بیماری۔ تندرستی۔ جراحت۔ زندگی اور موت سب میرے لئے مترادف الفاظ ہو گئے ہیں۔ اور میں صحت کا خیال کروں بھی تو کیوں ؟ کس کے لئے ؟ اب تو یہ لفظ میرے لئے یکسر بیگانۂ مفہوم ہو چکا ہے۔ قیس کی زبان میں "مجھے تو موتوں اور ہلاکتوں کی آرزو ہے۔"---- یہ تین گھنٹہ کی نیند۔ یہ آنکھوں کی کمزوری۔ یہ دماغ کا اختلال---- یہ سب کچھ---- کچھ بھی نہیں۔ اُس اذیّت کے مقابلہ میں جو میری روح کو دبائے ہوئے ہے۔ اُس کرب کے سامنے جو میرے دل پر چھائے ہوئے ہے۔ اُس قلق کے مقابلہ میں جو میری رگ رگ میں رچا ہوا ہے۔ جانے دو۔ للہ! اِس سطحی تکلیف کا ذکر کر کے مجھے اپنی اندرونی جراحت یاد نہ دلاؤ کہ پھر اس مضمحل تکلّم کی بھی تاب مجھ میں باقی نہ رہے گی۔

کیا تمہاری معلومات میں انقلاب (لاہور) کا وہ پرچہ ہے۔ جس میں لاہور کی ایک مسلم خاتون کے نام سے ایک نظم شائع ہوئی تھی؟ میرا خیال ہے کہ خاتون کا نام ہی نام ہے اور وہ نظم خود ادارۂ انقلاب کی زائیدہ افکار ہے---- چنانچہ میں نے اُس کے جواب میں اُسی خیال کا اظہار کر بھی دیا تھا۔ (شاید تم نے زمیندار میں دیکھا ہو گا) بہر حال میں مزید اطمینان کرنا چاہتا ہوں کہ واقعی کوئی مسلمان خاتون بھاٹی دروازہ میں ایسی ہیں جو ایسی نظم لکھ سکتی ہوں۔ اِس قضیہ میں مجھے تمہاری امداد کی ضرورت ہے---- میں نہیں چاہتا کہ خواہ مخواہ "انقلاب" کے ادارہ پر اِس قسم کا شبہ کروں گو کہ یہ کچھ اُن سے بعید نہیں۔ تفنن کے ہزاروں ہی رنگ ہوتے ہیں مگر خواتین کو آڑ بنانا بہر طور کچھ اچھی بات بھی نہیں۔

---- "گلکدہ" کے اجراء میں مالی دقّتیں حائل ہیں۔ ابا جان دام دیتے نہیں اور

شرکتِ سرمایہ مجھے منظور نہیں۔ تمہارے اشتیاق سے کیونکر معذرت کروں؟ ہائے کیسی بد قسمتی ہے کہ میں اُس کی تواضع کے قابل نہ ہو سکا۔۔۔۔ ورنہ میرے لئے یہ معلوم کر کے کہ تم کسی شے کی مشتاق ہو۔ اور میں اُسے انجام دے سکتا ہوں۔ اُس پر اپنا سارا نظامِ زندگی قربان کر دینا ایک حقیر اظہار ہے۔ اپنی بے پایاں عرضِ سعی کا۔۔۔۔ تمہارا شوق معلوم کر لینے کے بعد بھی اگرچہ میں پرچہ نہ نکال سکا۔ تو یہ میری انتہائی بد نصیبی ہو گی اور اگر کامیاب ہو گیا تو میری جان ''گلکدہ'' صرف اِس لئے نکلے گا کہ تم ایسا چاہتی ہو۔ آہ!۔ وہ صرف تمہارے لئے نکلے گا۔ ہاں صرف اِس لئے کہ تمہاری محبت بھری نظروں سے گزرے اور یہی میرا۔ اُس کا، ہم دونوں کی مایہ زندگی کا سب سے بڑا سرمایۂ افتخار ہو گا۔ اُف! میں اُس جذبۂ بے اختیار کی شدید کیفیت کا کیونکر اظہار کروں؟؟

۔۔۔۔۔ دنیا میں مجھے صرف ایک ہی شاگرد کافی ہے اور وہ تم ہو۔ اگرچہ۔۔۔۔ شاگردی کی مٹھائی اب تک نہیں ملی۔ مگر میں نے غلط کہا۔ غالباً شاگردی کی ہی مٹھائی تو تھی۔ جو میرے گستاخ ہونٹ۔۔۔۔ تمہارے شکرستانِ لب سے وصول کر چکے ہیں۔ خیر۔ اب کوئی شکایت نہیں۔ خدارا۔۔۔ خفا نہ ہو جانا۔ چھیڑ چھاڑ کی تو میری عادت ہی ہے ورنہ کہاں تم؟ اور کہاں میری شاگردی؟ تم سے شاگرد قسمت والوں ہی کو ملتے ہیں۔

۔۔۔۔۔۔۔۔۔ ہم تو عمر بھر ترسے

کیا خوب۔۔۔۔ افسانہ مکمل کرنے پر اصرار ہے۔۔۔۔ مگر میرے خطوط مجھے ابھی تک واپس نہیں کیئے گئے۔ آئندہ خط کے ساتھ بھیج دو تو شروع کر دوں۔۔۔۔ میں خود ڈرتا ہوں کہ اگر خط و کتابت کا انتظام خراب ہو گیا تو بالکل فراق کی کاہشیں کہیں اُن لذّتوں کو غارت نہ کر دیں۔ جو ابھی خمارِ شبانہ کی شکل میں دل و دماغ پر محیط ہیں۔ ذیل کا شعر معلوم ہوتا ہے۔ سرکار ہی کا زائیدہ طبع ہے۔ دیکھو کیسا پہچانا؟ اور ہاں خوب یاد آیا۔ تم نے

اپنا کلام بھیجنے کا وعدہ بھی تو کیا تھا؟ وہ اب تک وفا نہیں ہوا ہے۔ مہربانی کر کے اب اس طرح ضد نہ کرو۔ اُمید ہے مزاج بخیر ہو گا۔

ز چشمِ زخمِ حوادث تُرا گزند مباد۔۔ تنت بناز کی اننیاز مند مباد

تم اُس کی نہیں مگر پھر بھی

تمہارا کوکب

(پشت پر سلمیٰ کی قلم سے پنسل کی تحریر)

خطوط واپس کرتی ہوں۔ کیونکہ اب جبکہ میری تمام تر رنگین تمنّائیں۔ شاداب محبتیں اور مسرور آرزوئیں۔ مخفی آلامِ رنج و حسرت اور یاس و حرماں کی بے دردیوں سے افسردہ۔ پژمردہ ہو گئے ہیں۔ یہ خط۔ آہ! یہ محبت بھرے خطوط مجھے خون رُلاتے ہیں۔

(کوکب کو یاد نہیں رہا اس کے الفاظ یہ تھے کہ لڑکیوں کو تو میں بچپن ہی سے پسند نہیں کرتا)۔ (مصنف)

سلمیٰ کا خط

لیجئے صاحب۔ آپ کے تمام خطوط حاضر ہیں۔ کہئے۔ اب تو مطمئن ہیں نا آپ؟ حضور کیوں پردہ داری کی بے فائدہ زحمت گوارا فرماتے ہیں؟ میں سمجھ گئی ہوں۔ کہ یہ محض ایک بہانہ تھا۔ اپنی غلط بخشیوں کے ثبوت واپس لینے کا۔ ورنہ فسانہ تو آپ اِن خطوط کے بغیر بھی لکھ سکتے تھے۔ بہر حال مجھے آپ سے کوئی شکایت نہیں ہے۔ (کیونکہ شکوہ شکایتیں ہمیشہ اپنوں سے ہوتی ہیں) البتہ اپنے بختِ برگشتہ سے ضرور گلہ ہے۔ جو شاید

تمام عمر رہے گا۔ مگر آپ کی بلا سے۔ خواہ مخواہ فکر مند ہونے کی ضرورت؟ وہ تو صرف مذاق تھا۔ ورنہ میں اِس حقیقت۔ آہ! اِس تلخ حقیقت سے لاعلم نہیں ہوں کہ مجھے آپ سے بدگمان ہونے کا کوئی حق حاصل نہیں ہے۔

جی ہاں۔ میں نے انقلاب میں زمیندار کی ہجو اور زمیندار میں "عکاس" کے نام سے اُس کا دنداں شکن جواب دیکھا تھا۔ مگر مجھے یہ معلوم نہیں تھا کہ عکّاس کے پردہ میں شرارت مآب کو کب جلوہ گر ہیں۔۔۔ پیشوا (دہلی) میں علی بابا چالیس چور کے عنوان سے جو مسلسل مضمون مولانا عکّاس صاحب کے نام سے شائع ہو رہا ہے۔ (اور جس کی بدولت عزیز حسن بقائی پر "الامان" کے ایڈیٹر صاحب نے فوجداری دعویٰ دائر کیا تھا) کیا اُس کے نگارندہ بھی آپ ہی ہیں؟ اگر ایسا ہے۔ تو میں اِس روِش کو ہرگز وقعت کی نظر سے نہیں دیکھتی۔ بھلا اس انداز میں دوسروں کی عیب جوئی سے حاصل ہی کیا ہو سکتا ہے؟ آپ اگر اپنے اُس دلآزارانہ مضمون کے تلخ سلسلہ کو اُنیسویں چور پر ہی ختم کر دیں تو میری رائے ناقص میں نہایت مناسب ہو گا۔ کیا آپ اِس پر عمل نہیں کریں گے؟

آمدم بر سرِ مطلب۔ لاہور کی ایک مسلم خاتون سے، افسوس ہے کہ میں بالکل ناواقف ہوں۔ آپ کو شاید معلوم نہ ہو۔ اِس کوٹھی میں آنے سے پہلے ہم بھاٹی دروازہ میں چند ماہ رہ چکے ہیں۔ وہاں اکثر خاندانوں سے ہمارے مراسم بھی ہیں اور اب بھی اکثر آمد و رفت رہتی ہے۔ مگر میرے علم میں وہاں کوئی خاتون ایسی نہیں ہیں جو شعر کہتی ہوں اور وہ بھی آپ کے سے زبردست شاعر کے مقابلہ میں۔ "ا" بہرحال میں اب خاص طور پر اُس گمنام خاتون کا پتہ چلانے کی کوشش کروں گی۔

غنیمت ہے جو آپ کو ہماری شاگردی کی مٹھائی وقت پر یاد آگئی۔ اور آپ نے نہایت فراخ حوصلگی سے اُس کی وصولی کا اعتراف بھی کر لیا۔ ورنہ میں تو عنقریب یہ کہنے

والی تھی کہ آپ تو کھا کے مکر جانے کے عادی معلوم ہوتے ہیں۔ اگر آپ نے واقعی مجھ سی جاہل اور نالائق کو اپنی شاگردی میں قبول کر لیا ہے۔ تو پھر میں اپنی یاوریِ بخت پر جس قدر بھی ناز کروں کم ہے۔ کیونکہ آپ سے اُستاد قسمت والوں ہی کو ملتے ہیں۔ فرمایئے آپ زیادہ تر کس قسم کی مٹھائی پسند کرتے ہیں؟ تاکہ میں ایک شاگردِ رشید کی حیثیت سے آپ کی پسند کے مطابق اپنے ہاتھ سے مٹھائی تیار کروں۔۔۔

۔۔۔۔۔۔ہم تو عمر بھر ترسے

کے ابتدائی الفاظ کیوں حذف کر دیئے؟ آخر اُن غریبوں نے ایسا کون سا سنگین جُرم کیا تھا جس کی یہ سزا ملی؟؟

آپ کا دلفریب و دلنشیں مضمون "محبت" ایک مجھی کو پسند نہیں۔ بلکہ ہر ایک کو پسند ہے اور اس کا ثبوت "تفریح" (بجنور) کے فروری نمبر سے ملتا ہے جس میں آپ کا وہ مضمون بلا حوالہ نہایت قابلیت سے درج فرمالیا گیا ہے۔ مجھے ایسے سارق ایڈیٹروں پر بے حد غصّہ آتا ہے۔ جو رسالہ کا حوالہ چھوڑ۔ مضمون نگار کا نام بھی "غتربود" کر جاتے ہیں۔ اُمید ہے کہ آپ اُن بلند شہری آغاؤں کی ضرور خبر لیں گے۔

آپ نے گلفشانی فرمائی ہے کہ تملق یا چاپلوسی کے بغیر تمہاری ہم جنس ہستیاں سیدھی بھی تو نہیں ہوتیں۔ بجا فرمایا۔۔۔ میری اور صرف میری محبت کا دعویٰ اور غیروں کی خوشنودی حاصل کرنے کا اِس درجہ خیال؟ آخر میں بدقسمت آپ کی اِن ستم ظریفیوں پر چِڑھوں نہیں تو کیا کروں؟ آپ نے مجھ سے میرا کلام طلب فرمایا ہے۔ لیکن میں زبانی عرض کر چکی ہوں کہ وہ ہرگز اِس قابل نہیں کہ آپ کے بعد خط گرامی سے گزرے۔ کوئی شعر بھی ایسا نہیں جس میں شعریت ہو۔ وہ شعریت جو ہمیشہ آپ کا مطلوبِ فکری ہوتی ہے۔ مجھے شرم آتی ہے۔ آپ خواہ مخواہ مجھ پر ہنسیں گے۔ علاوہ بریں

میں شاعری سے توبہ بھی کر چکی ہوں۔ اب میں کبھی شعر نہیں کہوں گی۔ یہ میرا آخری فیصلہ ہے۔ ممکن تھا۔ کہ دنیا مجھے ایک شاعرہ کی حیثیت سے جانتی۔ ممکن تھا۔ کہ مجھے بھی اُردو کی شاعرہ خواتین کے زمرہ میں شامل ہونے کا فخر حاصل ہو جاتا۔

مگر۔ نہیں۔ اب میں کبھی شعر نہیں کہوں گی۔ ہاں۔ اب میں ہمیشہ اِس فخر سے محروم رہوں گی۔ لیکن مجھے اِس محرومی پر مطلق افسوس نہ ہو گا۔ کیونکہ میں محسوس کرتی ہوں کہ شاعر ہونے کی بہ نسبت کسی کا فدائے اشعار ہونا۔ کسی کا مسجودِ افکار ہونا زیادہ دل خوش کن امر ہے۔ آہ! اِس سے بڑھ کر اور کیا خوش نصیبی ہو سکتی ہے؟ اِس سے بڑھ کر اور خوش نصیبی ہو ہی کیا سکتی ہے؟ اب مجھے آپ کی شاعری پر فخر ہے۔ بخدا جب میں آپ کی کوئی نظم دیکھتی ہوں۔ (خواہ میں اُس کی مخاطب نہ بھی ہوں) تو میرا دل ایک عجیب قسم کی بے نام اور نا قابلِ فہم خوشی سے دھڑکنے لگتا ہے۔ اور میں شوقیہ لہجہ کی انتہائی وارفتگی کے ساتھ بے اختیار کہہ اُٹھتی ہوں۔ "یہ تو میرے ہی شعر ہیں۔" اُمید ہے کہ آپ مجھے اپنے اِنہی جذباتِ مسرّت میں سرشار رہنے دیں گے اور معذور سمجھ کر معاف کر دیں گے۔ میرے سرمایۂ افتخار! مجھے الفاظ نہیں ملتے کہ میں آپ کی محبت اور ذرّہ نوازی کا شکریہ ادا کروں۔ اب تو خط و کتابت کی نصف الملاقات ہے۔ مگر افسوس کہ پھر یہ بھی نصیب نہ ہو گی کیونکہ ۳-مارچ کو میں اپنے عزیزوں کے ہمراہ دہلی جا رہی ہوں۔

ہائے مایوسیاں محبت کی
مر نہ جائے تو کیا کرے کوئی

افسوس ہے کہ اِس خط میں آپ کی کئی باتوں کا جواب نہیں لکھ سکی۔ کالج کا وقت قریب ہے۔۔۔۔ اچھا پھر کبھی سہی۔۔۔۔ اُمید ہے کہ آپ بخیریت ہوں گے۔

تم سلامت رہو ہزار برس

ہر برس کے ہوں دن پچاس ہزار

والسّلام

آپ کی سلمیٰ

پیشگی عید مبارک قبول ہو

(حاشیہ پر) خدا کے لئے اِس درجہ سنگدلی اختیار نہ کیجئے۔ آخر آپ اب پہلے کی طرح راستہ میں کیوں نہیں نظر آتے؟

(پشت پر شعر)

کبھی فراق کے صدموں سے جی نہ ہاروں گی

تمام عُمر تری یاد میں گزاروں گی

(مابدولت)

سلمیٰ کو مغالطہ ہوا ہے۔ اِن خاتون نے کوکب یا عکاس کے جواب میں نظم نہیں کہی تھی بلکہ عکّاس نے اُس کے جواب میں (مصنف)

کوکب کا خط

جی۔۔۔۔ وہ خطوط پہنچے۔۔۔۔ پان ملے۔۔۔۔ عطوفت نامہ بھی نظر نواز ہوا۔ اُن مستی افشاں پانوں کا شکریہ کوئی کیونکر ادا کرے؟ کاش کہ ایسے پان روز ملا کرتے۔ خدا جانے اِن میں تمہاری نشہ طراز آنکھوں کی کوئی مہکی ہوئی نظر ملی ہوئی ہے۔ یا تم اپنے

شکرّیں اور مستی ریز ہونٹوں سے چھُوا کر اِن کو بناتی ہو۔

پھر تم نے اُنہی سفّاکانہ شوخیوں کا آغاز کر دیا نا۔ کیوں جی؟ اب تو ہماری ہر ایک بات۔ دھوکا اور جھوٹ ہونے لگی۔ خطوط اِس لئے واپس طلب کئے ہوں گے کہ اِس طرح اپنی غلط بخشیوں کے ثبوت تمہارے پاس نہ رہیں۔؟ میں کہتا ہوں۔ اب تمہارے ہونٹوں نے پھر غلط بیانیاں شروع کر دی ہیں۔ کہیں مجھے سزا کی ضرورت نہ محسوس ہو۔ اور کیا کہوں؟

"پیشوا کے عکّاس" اور اس کی فحش نگاریوں پر حضور بہت چیں بہ جبیں ہیں۔ کاش کہ یہ چیں بہ جبیں میرے حصّہ میں آتی۔ مجھے پیشوا کے عکّاس کی سرفرازیِ تقدیر پر رشک آتا ہے۔ مجھے افسوس ہے کہ پیشوا کا عکّاس بھی میں کیوں نہ ہوا؟ کیوں نہ ہو سکا؟ بہر کیف پیشوا کا عکّاس کوئی اور شخص ہے۔ ممکن ہے۔۔۔۔ ہو۔ میں ایسے ذلیل پرچوں میں (گو کہ۔۔۔۔ بھی اِسی فہرست میں داخل ہے) اوّل تو لکھنا ہی پسند نہیں کرتا۔ پھر اس درجہ حرام نگاریاں۔ ارے لاحول ولا قوّت۔ مجھے معلوم نہ تھا۔ کہ پیشوا میں اُس مضمون کا آغاز کرنے والا بھی کوئی عکّاس ہے۔ ورنہ شاید میں عکّاس کا فرضی نام نہ اختیار کرتا۔ مجھے اندیشہ ہے کہ تمہاری طرح بعض لوگ بھی "علی بابا چالیس چور" کا گنہگار مجھی کو سمجھتے ہوں گے۔ اور اس سے بڑھ کر میرے تفننِ طبع کی کوئی ہتک نہیں ہو سکتی۔ میں سوچ رہا ہوں کہ اخبار کے ذریعہ اِس مغالطہ کو رفع کر دوں۔ میں متاسّف ہوں کہ الف لیلہ کے اِس سلسلہ کو اُنیسویں چور پر ختم کر کے تمہارے حکم کے سامنے سرخرو نہیں ہو سکتا۔

بھاٹی گیٹ میں یقیناً کوئی خاتون ایسی نہیں ہوں گی۔ اور میرا خیال صحیح معلوم ہوتا ہے کہ وہ نظم ادارۂ انقلاب ہی کی تراشیدہ فکر ہے۔ خیر اِس بحث کو دفع کرو۔

شاید آپ نے مجھے "کور نمک" خیال کیا۔ آخر وہ مٹھائی یاد کیوں نہ آتی؟ میں نمک

حرام نہیں ہوں اور پھر ایسا نمک، اِتنا شیریں اِس درجہ حلاوت سرِشت نمک کسی کے ہونٹوں کو کبھی بھول سکتا ہے ایسے ناسپاس ہونٹوں کو کالے ڈس جائیں تو اچھا۔۔۔ تم دوبارہ دستی مٹھائی کی تکلیف نہ کرو۔ مجھے اُسی بہشتی حلاوت۔ اُسی آسمانی شیرینی سے لبریز مٹھائی کی مست و مخمور لذّتوں میں چُور رہنے دو۔ ہاں۔ وہی مٹھائی پھر ملے تو "نقدِ جان" دے کر بھی قبول ہے۔

تم نے لکھا ہے۔ کہ شکوہ شکایت اپنوں سے ہوتے ہیں۔ گویا ہم حضور کے نزدیک بیگانے ٹھہرے۔ شاگردِ رشید۔ ایسے ہی ہوتے ہوں گے کہ غریب اُستاد کو اپنا بھی نہ سمجھیں؟؟ یہ اچھی ستم ظریفی ہے۔ خیر میں اِس کی شکایت نہیں کرتا۔ البتہ اتنی دعا ضرور ہے۔

خدا تم کو توفیق دے اب جفا کی
کڑی جو پڑی ہے اُٹھائی ہے ہم نے

"تفریح" میری نظر سے نہیں گزرتا۔ کیا تم یہ پسند کرتی ہو۔ کہ میں ایسے عامیانہ رسائل کو مخاطب کروں۔ ؟ میں نے "کیف" کو لکھ دیا ہے اور اُسی کو زیادہ حق بھی ہے۔ جی ہاں۔ آپ کے چِڑھانے ہی کے لئے تو ایسے فقرے تراشے جاتے ہیں۔ آپ نہ پڑھیں۔ تو ضرورت ہی کیا ہے۔

دیکھ تو اِس لئے میں تجھ کو خفا کرتا ہوں
کہ مجھے تیرے ستانے میں مزا آتا ہے

آخر تم نے اپنا کلام نہیں بھیجانا۔ بہت اچھا۔ میں بھی اِس بات کو کبھی نہیں بھولوں گا۔ جو جی چاہے بہانے بناؤ۔ مطلوب صرف انکار ہے اور انکار سے میری پریشانی اور۔۔۔ بس۔

آہ! مجھے معلوم ہے کہ تمہیں ضرور میری ہرزہ نگاریوں پر فخر ہو گا۔ اگر تم اِس کا اظہار نہ بھی کرتیں۔ تو میری جان۔ یہ مجھے معلوم ہونا چاہئے تھا۔ اور مجھے معلوم تھا کہ تمہاری فیاض نگاہیں۔ میرے لئے ہزار ہا دلفریب اداؤں سے معمور ''حسن طلبی'' سے لبریز ہوتی ہیں۔ کہہ نہیں سکتا کہ اِس فقرے نے جذبات پر کیا کچھ۔۔۔ بنا دی؟ فطرتِ محبت کے اِس بے پناہ جذبات پر کیا کچھ۔ صداقت سے خدا محفوظ رکھے۔ مجھے کس درجہ تم نے مغرور کر دیا ہے؟؟ اُف! یہ فقرہ نہیں۔ قیامت لکھ گئی ہو۔ میں تمہیں کس دل سے خدا حافظ کہوں۔۔۔؟ اللہ کچھ تم ہی بتا دو۔ میرا ذخیرۂ الفاظ اِس قسم کے الفاظ سے سراسر خالی ہے۔

ہائے میری آنکھوں میں تو اب اتنے آنسو بھی نہیں رہے
حیف در چشم زدن صحبتِ۔۔۔ آخر شد
روئے گل سیر نہ دیدیم و بہار آخر شد

وہ دل کہاں سے لاؤں۔۔ ؟ کہ تمہیں الوداع۔۔۔ ہائے خدا جانے کب تک الوداع کہنے کی تاب رکھتا ہو

قیامت ہے کہ ہووے ''مدعی'' کا ہم سفر غالب
وہ کافر جو خدا کو بھی نہ سونپا جائے ہے مجھ سے

وہاں سے خط کس طرح بھیجو گی؟ فضا کا خیال رکھنا اور یقینی طور پر امکان ہو۔ تب تو کوئی حرج نہیں۔ ورنہ ایسی ویسی کوشش نہ کر بیٹھنا

کبھی فراق کے صدموں سے جی نہ ہاروں گی
تمام عمر تری یاد میں گزاروں گی

کیا۔ ایسے شعروں کو تم شاعری یا شعریت سے خالی سمجھتی ہو۔؟ یہ تو مستقل ایک

شعریت اور مکمّل ایک شاعری ہے۔۔۔ مجھے تو اِس طرزِ شعریت پر رشک آتا ہے۔ کس درجہ قاتل جذبہ ہے اور کیسے سادہ الفاظ میں اظہار ہوا ہے۔؟ شاعری کی معراجِ کمال یہی ہے۔ کہ غالب و بیدل کے خیالات ہوں۔ اور داغ کی زبان۔۔۔ اُردو دنیا سراسر اِس رنگِ عروج سے خالی ہے۔ میرا ارادہ تو اِس شعر کو "چُرانے" کا ہے۔۔۔ اِس پر غزل لکھ کر اپنے نام سے شائع کر دوں گا۔ پھر کیا کرو گی۔؟

عید مبارک کا شکریہ۔ مگر ہمارے لئے تو یہ عید بھی محرّم سے کم نہیں۔

تم پاس نہیں تو عید، یہ عید نہیں

آخری الوداع میری نگاہیں کہیں گی۔ لہٰذا سرِ دست رخصت۔۔۔ میں تمہارے لئے دعا کروں گا۔ ہاں اپنی انتہائی عبودیت کی روح سے تمہاری مسرّتوں اور طمانیتوں کے لئے دعا کروں گا۔ ہائے!

کوکب

(حاشیہ پر) میرے دو خطوں پر تم نے جو قلم فرسائی کی ہے اُس کا جواب سوائے اِس کے کیا دوں۔ کہ وہ میری تنہائی کی بہترین لذّتوں کا باعث ہیں۔)

سلمیٰ کا خط

جی حضور!۔ پہلے لیلتہ القدر میں حجرِ اسود پر بیٹھ کر آبِ زم زم کے مقدّس پانی سے منہ دھو لیجئے۔ پھر کسی کو سزا دینے کی جرأت کا خیال کیجئے۔ اور سُنئے صاحب۔ کیا مزے سے کہتے ہیں۔ کہیں مجھے سزا کی ضرورت محسوس نہ ہو۔ کیوں جی۔ ہمیں کوئی۔۔۔ مقرّر کیا ہے آپ نے ؟ کہ ہماری راست بیانیوں کو بھی غلط بیانیوں کا خطاب دے کر نا حق ہمیں

سزا کی دھمکی دی جاتی ہے ؟ بڑے آئے کہیں کے اُستاد بن کے۔

بحمد للہ۔ کہ پیشوا کے عکّاس آپ نہیں ہیں۔ ورنہ بخدا میرے لئے تو یہ خیال سوہانِ روح تھا۔

میں آپ سے دست بستہ معافی چاہتی ہوں کہ میں نے ناحق آپ کو ''علی بابا اور چالیس چور'' کا گنہگار سمجھ کر تفننِ طبع کی نفاست کی ہتک کی ہے۔ کیا آپ میرا یہ قصور بھی معاف کر دیں گے ؟

جی وہ مٹھائی تو اَب آپ کو ملتی نہیں۔ اُس سے تو اَب مُنہ دھو لیجئے اور دستی مٹھائی کو ہی صبر و شکر کر کے قبول کیجئے۔ قبول کر لیجئے ! کیا معنی ؟ آپ کو قبول کرنی پڑے گی۔ میں کہتی ہوں آپ انکار نہیں کر سکتے۔ کیوں ؟ اِس لئے کے پانوں کی طرح اِس مٹھائی میں کسی کی مخمور آنکھوں کی مبلغ ساڑھے ڈھائی عدد بہکی ہوئی نظریں ملی ہوئی ہیں۔ سُنا آپ نے۔۔۔ یا بھیجوں سرمہ نورِ بصر ؟

آپ نے تحریر فرمایا ہے کہ تمہارے چِڑھانے ہی کے لئے تو ایسے فقرے تراشے جاتے ہیں۔ گویا ہمارا کُڑھنا اور جلنا حضور کی تفریحِ دماغ کا باعث ہے۔ یعنی ہمارے غم سے آپ کی خوشی اور ہماری پریشانی سے آپ کی شادمانی وابستہ ہے۔ مگر کیوں ؟ آخر مجھے ستانے میں آپ کو مزا کیوں آتا ہے۔ ؟ اُستاد ایسے ہی ہوتے ہوں گے کہ بیچارے شاگردوں کی قلبی اذیّت پر مسرّت کا اظہار کریں۔ ؟ واہ ! یہ اچھی دل لگی ہے۔ خیر۔ یونہی سہی

سرِ دوستاں سلامت کہ تُو خنجر آزمائی

میں محسوس کرتی ہوں۔ کہ یہ میری انتہائی قدر افزائی اور عزّت افروزی کا باعث ہے کہ میرا ناچیز شعر ہو۔ اور آپ اُس پر غزل لکھ کر اُسے بھی اپنے نام سے شائع کریں۔ لیکن میں اِس کو آپ کی شاعرانہ نوا سنجیوں کی ہتک تصوّر کرتی ہوں۔ اور آپ کو ایسا

کرنے کی ہرگز اجازت نہیں دے سکتی۔۔۔۔ ترمیم و اصلاح کے لئے ایک غزل کے چند اور اشعار بھی ارسال کرتی ہوں۔ اصلاح تو ایک بہانہ ہے۔ مقصود صرف یہ ہے کہ میری اُن آوارہ فریادیوں سے آپ بے خبر نہ رہیں۔ جو کبھی کبھی تنہائی کی خاموش اور سوگوار راتوں میں آپ کے تصوّر کی دلگداز رنگینیوں کے اثر سے بے اختیار زبانِ شوق سے مچل پڑتی ہیں۔

تمہیں دل سے کیونکر بھلاؤں میں پیارے
تمہی ہو میری زندگی کے سہارے
تمہارے تصوّر میں چُنتی ہوں کلیاں
تمہاری جدائی میں گنتی ہوں تارے
کسی کو بھی اُن میں نہیں تم سے نسبت
ہیں جتنے بھی گُل گُل کدہ میں ہمارے

سچ بتلایئے۔ آپ میرے خطوط کا محض اِس لئے جواب دیتے ہیں نا؟ کہ مبادا میں آپ کو کج خلق سمجھوں۔ ؟ آپ مجھے بھول تو نہ جائیں گے ؟ میں نے تو آپ کے حکم کی تعمیل کر دی ہے۔ کیا اب آپ بھی میری درخواست کو منظور کرتے ہوئے میرے نیاز نامے چاک کر دیں گے ؟ سچ کہئے آپ کو بیگم صاحبہ سے کس قدر محبّت ہے ؟ اگر کسی کی ناز برداریوں سے آپ کو فرصت ملے تو ازراہِ کرم عریضۂ ہٰذا کا جواب ۲۷-مارچ کو ٹھیک دو بجے عنایت فرمایئے گا۔ کیا آپ میرے ہمراہ جالندھر تک بھی نہیں چلیں گے ؟ نہیں ؟ ضرور۔

اچھا اب رخصت

غم میں جو لطفِ خاص ہے، آہ خوشی میں وہ کہاں ؟

غم سے جنہیں لگاؤ ہے، اُن کو خوشی سے کیا غرض؟

آپ کی۔۔۔۔ مہجور

سلمیٰ

کوکب کا خط

جانم۔ رات کو ہمشیرہ کی عزیز از جان ہستی۔ جو اِس دنیا میں تمہارے بعد میرے لئے تنہا باعثِ مسرّت تھی۔ مجھ سے ہمیشہ کے لئے جدا ہو گئی۔۔۔۔ تمہارا نامۂ محبت آنے تک میری آنکھیں جِس سیلابِ اشک میں لبریز رہی ہیں۔ میں نہیں کہہ سکتا۔ آہ! اِس کی طوفانی شدّت کا حال نہیں بتلا سکتا۔

تمہاری دستی مٹھائی کا ممنون ہوں۔ میں نے تو کہا تھا کہ مذاق کی بات کو حقیقت نہ بنا دینا۔ مگر تمہاری ظالمانہ محبت کہاں ماننے والی ہے؟ اور کیا کہوں؟ اِس وقت کوئی دل خوش کُن گفتگو نہیں سوجھتی سوائے اِس کے کہ تمہاری حسین تحریر کی شریر روش اور رُلا گئی۔ آہ! اب تم بھی چلی جاؤ گی۔ اِدھر یہ غم۔ اُدھر یہ الم۔

ہزار رنج ہیں اِک جانِ ناتواں کے لئے

مجھے تمہارے ستانے میں کیوں نہ مزہ آئے؟ آہ! اپنے مرکزِ محبّت کو ستانا۔ دنیا اس لذّت کا اندازہ نہیں کر سکتی۔ حسن و عشق کی کتاب کا یہی تو پُر لطف باب ہے۔ جس پر دنیا بھر کے جذباتِ لطیفہ کی لذّتیں نثار ہیں۔۔۔۔ تم اِس کی لطف طرازیوں کا حال مجھ سے نہ پوچھو۔ اور بہتر یہی ہے۔ کہ کبھی نہ جان سکو۔۔۔۔ اِس سے باخبر ہو کر تمہاری ستم پیشگی میرے ہزاروں ازلی لذّتوں کو غارت کر دے گی جو اِس وقت میرے تنہا مسرّتوں کا باعث

ہیں۔ میری ننھّی۔ نا سمجھ۔ تم اِس پہلو کو سمجھنے کی کوشش ہی نہ کرو۔ تو اچھا ہے۔

سُرمہ نورِ بصر بھیجنے کی ضرورت نہیں۔ یہ آنکھیں تمہاری شعاعِ جمال کا مسکن ہیں۔ خدا رکھّے۔ اِن میں تمہارے لمعاتِ حُسن کی ہزاروں منوّر جنّتیں آباد ہیں۔ یہ اب ہر چیز کو اچھی طرح دیکھ سکتی ہیں۔ تمہاری ماہ پیکر ہستی کی ستارہ افشانی کو بھی۔ تمہاری نشہ طراز آنکھوں کی میخانہ چکانی کو بھی۔ ہاں اُن سب چیزوں کو جن سے تمہاری ملکوتی پیکر اور الہّیت سرشت ہستی کو ذرا بھی نسبت ہے۔ شکر ہے۔ تم نے اِس قابل تو سمجھا کہ ہمراہی کے لئے اِس ''ہیچمدان'' کی نیاز مندیوں کو بھی یاد کیا۔ تجاہلِ عارفانہ نہ برتو۔ انصاف سے کہہ دو کیا مجھے خود اِس قسم کی آرزو نہ تھی۔؟ نہیں ہو سکتی تھی۔؟ میں کیوں نہ چلوں گا؟

اشارہ تیغ کا پاتے تو سر کے بل جاتے

آہ! تم نے کبھی میرے جذباتِ محبت کو سمجھنے کی پرواہی نہیں کی۔ بہر کیف اِس موقعہ پر اِس لطفِ خاص اور بندہ نوازی کا ممنون ہوں۔ اُف! میں اِس صمیمی مہربانی کا۔ اِس کی ناقابلِ اظہار اثر آفرینی کا اندازہ نہیں کر سکتا۔

''گل فروش'' پر اتنی نوازش یا ظلم نہ کرنا۔ کیونکہ مجبوراً اس کے اجراء کے خواب کو بے تعبیر ہی چھوڑ دینا پڑا ہے۔ اگر اجراء سے عہدہ بر آ ہو بھی جاتا تو تم جیسے خریداروں کو۔۔۔ جو خود مجھے اور میری ہرزہ نگاریوں کو خرید چکے ہیں۔ اِس کی خریداری کی ذلّت برداشت کرنے کی ضرورت نہ تھی۔ نہ مجھے گوارا۔۔۔! خواہ یہ کیسا ہی مصلحتاً ہوتا۔ میں کوشش کروں گا کہ کیف۔ قوس قزح اور نگار میں تمہیں مخاطب کر سکوں۔ جس حد تک کہ اِن پرچوں کے کارپردازوں نے مجھے اجازت دی۔ دہلی میں بھی غالباً یہ پرچے تمہاری نظر سے گزر سکیں گے۔

بیوی سے محبت۔؟ عجیب سوال ہے۔ یقیناً بیوی سے محبت کوئی ضروری چیز نہیں

کیونکہ شادی۔ محض جماعتِ انسانی کے نظام کا پاس کرنے کے لئے کی جاتی ہے۔ خواہ اُن میں محبت ہو یا نہ ہو۔ کم از کم ہندوستان کی موجودہ تہذیب و تمدّن کا یہی منشا معلوم ہوتا ہے۔ رہا میرا ذاتی تعلّق اِس مسئلہ میں۔ تو میں اِس بارے میں صرف اِس قدر کہوں گا کہ اِس کا جواب اپنے ہی دل سے پوچھو۔

میں تمہارے خطوط کا محض اِس لئے جواب دیتا ہوں کہ یہ میری آرزو ہے۔ اور آرزو صرف اِس لئے ہے کہ شاید مجھے تم سے محبت ہے۔ میں تو تمہیں شاید نہ بھولوں۔۔۔ اور کیونکر بھول سکتا ہوں؟

جبکہ میرا تمام تر سرمایۂ نگارش۔ میرا ادب۔ میری شاعری۔ میرا سب کچھ تمہارے پرتوِ جمال سے لبریز اور تمہارے اثراتِ حُسن سے معمور ہے میں جو کچھ لکھتا ہوں۔ تمہارے لئے اور تمہارے خیال سے سرشار ہو کر لکھتا ہوں۔ میری تحریر۔ تمہارے خواب۔ میری نگارشیں تمہارے تصوّر ہیں۔ میرا نگار خانۂ قلم از سر تا پا تمہاری تصویرِ فکری اور پیکرِ شعری سے عبارت ہے۔ اور میرا تمام و کمالِ دماغی اور روحی افکار کا سرمایہ اب صرف تمہارا عکسِ شوق ہو کر رہ گیا ہے۔

ہر نظم گوہریں کہ بیادِ تو گفتہ ام
دل رخنہ کردہ و جگر خویش سفتہ ام (فیضی)

مگر تم اپنی کہو۔

چلو تم رہو سلامت، تمہیں ہو عدو مبارک
مرے دل کو رنج و حسرت غم و آرزو مبارک

(باقی پھر)

راقم

فیضی گماں مبر کہ غمِ دل نگفتہ ماند
اسرارِ عشق آنچہ تواں گفت گفتہ ام

سلمٰی کا خط

میرے غمزدہ۔۔۔۔

اشکِ تعزیت۔۔۔ ہائے۔ اِس اندوہناک خبر سے دل کو ازبس ملال ہے کہ آپ کی ہمشیرۂ عزیز نے اِس دنیائے فانی سے رحلت کی۔۔۔ .مرحومہ کو میں نے ایک مرتبہ۔۔۔۔کے ہاں دیکھا تھا مگر اُس زمانے میں جبکہ میں نے آپ کو نہیں دیکھا تھا۔ کیسی پیاری بچی تھی۔۔۔ آہ! میرا گو کہ تعارف نہیں تھا۔ مگر چونکہ وہ آپ کی ہمشیرہ تھیں۔ اِس لئے میں بھی اُنہیں اپنی عزیز بہن سمجھتی تھی۔ یہی وجہ ہے کہ آج اُن کی یاد میں میرا دل بے اختیار بھرا چلا آتا ہے۔

پھول تو دو دن بہارِ جانفزادِکھلا گئے
حسرت اُن غنچوں پہ ہے جو بن کھلے مُرجھا گئے

آپ اِس جانکاہ حادثہ میں۔ میری خلوص آمیز ہمدردی اور تعزیت قبول کیجئے۔ دعا ہے کہ خداوند کریم مرحومہ کو اپنی جوارِ رحمت کے گُلکدہ میں جگہ دے اور پسماندگان کو توفیقِ صبر۔

رات دن زیرِ زمیں لوگ چلے جاتے ہیں
نہیں معلوم تہہِ خاک تماشا کیا ہے؟

مٹھائی کا شکریہ ادا کرکے آپ نے مجھے سخت شرمندہ کیا ہے۔ بھلا ایسی بے حقیقت

بات پر ممنون ہونے کی ضرورت ہی کیا تھی؟ بہر کیف میں آپ کے اِس ظالمانہ شکریہ کا شکریہ ادا کرتی ہوں۔ میں نے تو ہنسی سے کہا تھا کہ سُرمہ نورِ بصر بھیج دوں۔ ورنہ مجھے اچھی طرح علم تھا کہ آپ کی مے گوں آنکھیں ماشاءاللہ ہماری شعاعِ جمال کا مسکن ہیں۔ اُن میں ہمارے لمعاتِ حُسن کی ہزاروں نہیں۔ لاکھوں منوّر جنّتیں آباد ہیں۔۔۔۔ وہ دیکھ سکتی ہیں۔ ہماری ماہ پیکر ہستی کی ستارہ افشانی کو بھی!۔ ہماری نشہ طراز آنکھوں کی میخانہ چکانی کو بھی۔ غرض وہ ہر ایک چیز کو اچھی طرح دیکھ سکتی ہیں۔ افسوس ہے کہ آپ نے ''گلفروش'' کے اجراء کا ارادہ ملتوی کر کے میری دیرینہ تمنّا کا خون کر ڈالا۔ آخر اِس معاملہ میں آپ والدین کے دست نگر کیوں ہیں؟ کیا وجہ ہے کہ اپنی ضروریاتِ زندگی کے آپ خود کفیل نہیں؟ مگر میں غلطی پر ہوں۔ بھلا مجھے آپ کے نجی معاملات میں دخل انداز ہونے کا کیا حق ہے؟ معاف کیجئے گا۔ بعض اوقات میں بہت بہک جاتی ہوں۔ کہنا صرف اِس قدر تھا۔ کہ اگر میں اتنی حقیر رقم پیش کروں جو پرچہ کے چھ ماہ کے اخراجات کے لئے کافی ہو تو کیا آپ فوراً پرچہ نکال دیں گے؟

تعجبّ ہے کہ بیوی سے محبت۔ آپ کے نزدیک کوئی ضروری چیز نہیں۔ حالانکہ دنیا کا خیال ہے۔ کہ جب تک میاں بیوی کے مابین رشتۂ محبت قائم نہ ہو۔ اُن کا نباہ ہی نہیں ہو سکتا۔ خیر میں اِس موضوع پر کچھ نہیں لکھوں گی کہ کہیں ایسا نہ ہو۔ کہ آپ اِس سے کوئی اور نتیجہ اخذ کر لیں۔ آپ میری مسرّتوں اور طمانیتوں کے لئے دعا نہ فرمایئے۔ بلکہ یہ دعا کیجئے کہ خدا مجھے دنیا سے اُٹھالے۔ ہاں۔ مجھے موت دے۔ کہ اب کسی کے فراقِ ابدی کی کاہشیں حد سے تجاوز کر چکی ہیں۔ ہائے اب مجھ میں برداشت کی تاب نہیں رہی۔ اب برداشت نہیں کر سکتی۔ آہ

آس کہتی ہے، کہ مجھ کو صبر کر میں مٹ چلی

صبر کہتا ہے کہ دل کو تھام میں چلتا ہوا

لِللہ۔ دعا کرو۔ اپنی انتہائی روحِ عبودیت سے میرے مرنے کی دُعا کرو۔ کہ اُس کے بغیر مجھ تیرہ بخت کے روز افزوں غم والم اور درد ود کھ کا خاتمہ نہیں ہو سکتا۔ آپ نے لکھا ہے۔ کہ میں تو شاید تمہیں نہ بھولوں۔ تم اپنی کہو۔ آخر میں اپنی کیا کہوں۔ ؟اور کیوں کہوں ؟؟ جبکہ آپ کے اندازِ تحریر سے صاف ظاہر ہو رہا ہے۔ کہ آپ مجھے کبھی بھولے سے بھی یاد نہیں کریں گے۔ بہت اچھا۔ بھُول جایئے۔ مجھے بھُول جایئے۔ میں حرفِ شکایت زبان پر نہیں لاؤں گی۔

تمہارا شکوہ تمہارے آگے، کریں ہماری مجال کیا ہے؟

اگلے ہفتہ تک دہلی کی طرف روانگی ہے۔ آپ اگر اِس عریضہ کا جواب دینا چاہیں۔ تو اِس طرح کیجئے گا۔ کہ کالج جاتے وقت مجھے راستہ میں ملئے اور جب تانگہ آہستہ آہستہ چلنے لگے۔ تو قریب سے گزر کر خط مجھے پھینک دیجئے۔۔۔۔ لیکن جواب نہ دینا آپ کی مرضی پر منحصر ہے۔ میں مجبور نہیں کرتی۔ زیادہ کیا لکھوں۔ ؟ سوائے اِس کے کہ۔

درودیوار پہ حسرت سے نظر کرتے ہیں
خوش رہو اہلِ وطن ہم تو سفر کرتے ہیں

والسّلام

راقمہ۔ وہی اندوہگیں

۱۹۲۸/ ۰۳/ ۰۳

(حاشیہ پر) اُمید ہے۔ کہ لکھنؤ میں اُس رقاصہ کے درشن بھی ہوئے ہوں گے

یاد تم آ گئے ڈوبی ہوئی سانسیں اُبھریں
دم، دمِ نزع مرا رہ گیا جاتے جاتے

سلمیٰ کا خط

ہم نہ سمجھے تھے یہ ظاہر داریاں

تیری باتوں نے بڑا دھوکہ دیا

"گُلکدہ کے ایڈیٹر صاحب۔ ہمارا خریدارانہ سلام قبول فرمائیں۔ موعودہ مضمون ارسال ہے۔ شاید آپ پسند فرمائیں! مگر نہیں۔ میرے مضامین اِس قابل کہاں۔ کہ آپ اُن کو پسندیدہ نگاہوں سے دیکھیں۔ میرا مقصود تو صرف اِسی قدر ہے۔ کہ جہاں تک ہو سکے۔ آپ کا ہاتھ بٹانے کی کوشش کروں۔ معلوم نہیں اب گُلکدہ کا اجراء کیونکر عمل میں آیا ہے۔ بہر کیف جیسا کہ میں پہلے بھی عرض کر چکی ہوں۔ مجھے اجازت دیجئے کہ میں بھی گُلکدہ کی مالی امداد میں کچھ حصہ لے سکوں۔ مگر آپ جواب نہیں دیتے۔

مہربانی ہو گی۔ اگر خطوط والی کاپی مجھے عاریتاً عنایت فرمائیں۔ میں وعدہ کرتی ہوں کہ اِک نظر دیکھنے کے بعد آپ کو واپس کر دوں گی۔ اِس درخواست یا حکم کی علّت صرف یہ ہے۔ کہ میں اِس دفترِ بے معنیٰ کے دیکھنے کی آرزو مند ہوں۔ اور بس۔

کیوں جی۔ "اُن سے" کی اشاعت کی اب ضرورت کیا تھی؟ کیا اب بھی آپ کو "اُن سے" کوئی شکایت ہے؟ آپ کی یہ نظم میری ایک سہیلی "کوکب سلطانہ" نے بہت پسند کی تھی۔ یا صحیح الفاظ میں وہ اِس سے متاثر ہوئی تھیں۔ لو۔ اب مغرور ہو جاؤ۔ (؟؟) زیادہ کیا لکھوں؟ سوائے اِس کے کہ مذکورہ کاپی ضرور مجھے دِکھایئے۔ عنایت ہو گی۔ ۳- مئی کو دن کے ساڑھے بارہ بجے آپ کا شدید انتظار کیا جاوے گا۔ سُن لیانا۔؟

تعدیہ دہی کی معافی۔ نیاز مند!

چند اشعار اِرسال ہیں۔

رنگین

طلوعِ صبحِ روشن حُسنِ فطرت کا تبسّم ہے
نمودِ شامِ غمگیں شمعِ اُلفت کا تبسّم ہے
یہ کس نے مجھ کو دیکھا ہے تبسّم ریز نظروں سے
مری رگ رگ میں طوفانِ محبت کا تبسّم ہے

ذرّہ ذرّہ میں ہیں معمور شبستاں تجھ سے
پتّہ پتّہ میں ہیں سرسبز گلستاں تجھ سے
تُوہی تو جلوہ نما ہے کہ ہوا خلوت میں
ترا سایہ بھی ترے نور میں پنہاں تجھ سے
اُف رے اندازِ وفا سب سے ملا تو لیکن!
پھر بھی آباد رہا میرا شبستاں تجھ سے

کوکب کا خط

کچھ شک نہیں کہ تم گُلکدہ کے سلسلہ میں میرا بہت کچھ ہاتھ بٹا سکتی ہو۔ مگر ہائے میں تو تصوّر کی اُس دنیا میں کھو جاتا ہوں جبکہ۔۔۔۔ نہ صرف دُور سے ہاتھ بٹانا، بلکہ ہر لمحہ مجھ سے دوچار رہنا۔ اُف! یہ کیسا دلگداز خواب ہے۔ جس سے میری اشک آلود آنکھیں با ایں ہمہ ضبط۔ ہم آغوش ہو جاتی ہیں۔

مالی امداد کے سلسلہ میں کچھ سمجھ میں نہیں آتا کیا لکھوں ؟ کیا تمہارا یہ مقصد ہے کہ اب میری ذِلّتیں اس درجہ تک پہنچ گئی ہیں۔ رہنے دو۔ خدارا اس ذکر کو یہیں تک رہنے دو۔ آہ! میری جان۔ میں قیامت تک یہ اہانت برداشت نہیں کر سکتا۔

گُلکدہ کے لئے مضمون کا شکریہ۔ جی ہاں۔ میں نے پہلے بھی کبھی آپ کی تحریروں کو ناپسندیدہ نظروں سے دیکھا ہو گا۔ بہر کیف پرچہ کا پہلا نمبر تمہیں بتلائے گا۔ کہ میں تمہارے حلاوت طراز شکریّں مضامین سے کس درجہ مفرط عشق رکھتا ہوں ؟

خطوں والی کاپی حاضر ہے۔ ابھی اِس میں بہت سے خطوط نقل ہونے باقی ہیں۔ جی ہاں ! میں مغرور ہو گیا۔ کہ آپ کی ایک سہیلی نے اُس نظم سے بہت اثر قبول کیا۔ یہ تو کہو۔ تمہاری سہیلی کے نام میں میرا جو حصہ ہے۔ اُس کا تقاضہ تو یہ ہے۔ کہ اُن کی شخصیت کی رنگینیوں میں بھی میرا حصہ ہونا چاہیئے۔ لو! اب اور خفا ہو جاؤ۔ !!

زیادہ پیار

اُس جگہ

تمہارا

فیضی احسنت ازیں عشق کہ دوراں امروز

گرم دارد ز تو ہنگامۂ رُسوائی را

سلمٰی کا خط

کوکب صاحب۔ عرضِ تبسّم نیاز۔۔۔۔ ہاں ! یہ کیا فرمایا آپ نے کہ تمہارا یہ مقصد ہے کہ اب میری ذلّتیں اِس درجہ تک پہنچ گئی ہیں ؟ میں کہتی ہوں یہ آپ کی ستم آرائی ہے۔ اور بس۔ ورنہ مالی امداد کے تذکرہ سے میرا مقصد اِس کے سوا کچھ اور نہ تھا کہ۔

تُو اور نہیں، میں اور نہیں

یہ علیحدہ بات ہے کہ آپ اِسے اپنی نا قابلِ برداشت اہانت سمجھیں۔ بہر کیف میں بصد ندامت و پشیمانی اپنے وہ الفاظ واپس لیتی ہوں۔ مگر خیال رہے کہ مجھے اِس بات کا مرتے دم تک قلق رہے گا کہ آپ میرے نیازِ خلوص کو اپنی ذلّت اور میری محبت کو اپنی اہانت تصوّر کرتے ہیں۔

کاپی کا شکریہ۔ مگر وہ خطوط تو اِس میں درج ہی نہیں کئے گئے جو گمنامی کی حالت میں لکھے گئے تھے اور جنہیں میں دیکھنا چاہتی ہوں۔ مجھے اندیشہ ہے کہ کہیں آپ یہ نہ کہہ دیں کہ وہ آپ کے پاس سے گم ہو گئے ہیں۔

جی نہیں۔ میری سہیلی کی شخصیت کی رنگینیوں میں آپ کا حصہ نہیں ہو سکتا۔ اِس لئے کہ وہ بھی ایک کوکب کے دل کی سلطانہ ہیں۔ البتہ اتنا فرق ضرور ہے کہ اُن بے چاری کے کوکب نہ تو شاعر ہیں۔ نہ ادیب۔ مگر یہ تو اپنی اپنی قسمت۔ اِس میں کسی کا کیا اجارہ؟ اور کیوں صاحب؟ یہ حضور ہر جگہ پاؤں کیوں پھیلانے لگتے ہیں۔؟؟

میں ”ایک شاعر کا خواب“ کے لئے اپنے بعض حالات ایک کہانی کی شکل میں قلمبند کر رہی تھی۔ کیونکہ آپ نے ایک دفعہ کہا تھا کہ فسانہ لکھنے میں میری رہنمائی کرو۔ مگر اب آپ کی کاپی میں یہ دیکھ کر کہ فسانہ شاید خطوں ہی خطوں کے ذریعہ مکمّل کیا جاوے گا۔ میں نے اپنا ارادہ بدل دیا ہے۔ اور وہ کہانی نا تمام ہی رہنے دی ہے۔ اُمید ہے آپ بخیریت ہوں گے۔

والسّلام

منّت پذیر۔ خاکسار۔۔۔۔۔"ا"

(حاشیہ پر) برائے کرم، سب خطوط کاپی میں نقل کر دیجئے

۱-(اصل نام تھا۔ اور غالباً پہلی مرتبہ لکھا گیا تھا) کو کب

ہلاکِ تلوّن
(میری غمناک زندگی کے درد انگیز حالات)
ایک افسانہ کی تمہید
از سلمیٰ

اگر محبت ---- واقعی نام ہے ایک قوتِ جاذبہ کا۔ تو پھر کوئی وجہ نہیں کہ اُس نے میرے سوزِ نہاں کا اثر نہ قبول کیا ہو۔ میں نے ''نویدِ بہار'' کو میز پر رکھتے ہوئے خود بخود کہا ''مگر نہیں۔ یہ ناممکن ہے۔ آہ! یہ ناممکن معلوم ہوتا ہے۔ ''اور میری آنکھیں۔ آنسوؤں سے لبریز ہو گئیں۔ '' کیا ناممکن معلوم ہوتا ہے ؟'' ایک آواز آئی اور میری مدہوشیِ خیال کو غارت کر گئی۔ زہرہ مسکراتی ہوئی میرے کمرے میں داخل ہو رہی تھی۔ اوہ---- تم ہو---- زہرہ؟ میں نے ضبطِ گریہ کی کوشش کرتے ہوئے بناوٹی ہنسی ہنس کر کہا۔ یقین مانو کہ میں اِس وقت تمہی کو یاد کر رہی تھی۔ کہو مزاج تو اچھا ہے ؟

مزاج وِزاج تو پھر پوچھنا۔ پہلے یہ بتاؤ کہ محبت کے بارے میں ابھی ابھی تم کیا گلفشانی کر رہی تھیں۔؟

زہرا نے شرارت آمیز انداز میں مسکراتے ہوئے پوچھا اور میرے برابر ایک کرسی پر بیٹھ گئی۔

"کیا گُلفشانی کر رہی تھی؟" میں نے تجاہلِ عارفانہ کے انداز میں کہا۔ "مجھے تو مطلق یاد نہیں۔ کچھ تم ہی بتاؤ۔ ہاں بہن "نویدِ بہار" کا خاص نمبر دیکھا تم نے۔۔۔ ؟لو دیکھو۔۔۔ واللہ! اِس میں کوکب کا ایک ایسا دلفریب اور دل نشین افسانہ شائع ہوا ہے کہ بس کیا کہوں؟ یوں تو آجکل، اور دنیا میں ہر ایک افسانہ نگاری کا مدّعی نظر آتا ہے۔ مگر سچ تو یہ ہے کہ حقیقتاً افسانہ نگاری ایک خاص مذاق چاہتی ہے۔"۔۔۔

"سوال دیگر۔ جواب دیگر۔ یہ کیا بے تکا پن ہے؟" زہرہ نے محبت سے بھری ہوئی متانت کے ساتھ مجھے روکتے ہوئے کہا۔

" میں کہتی ہوں۔ اِس غیر متعلّق بحث کے کیا معنی؟ میں نے تو پوچھا تھا کہ اگر محبت قوتِ جاذبہ کا نام ہے تو اُس کا کیا اثر ہوتا ہے؟ آخر کس نے اِس کا اثر قبول کیا ہو گا؟"

اب مجھ میں ضبط کی تاب نہ تھی۔ آہ! اب میں اپنا دلی اضطراب آنکھوں میں نہیں چھپا سکتی تھی۔ میرے جذباتِ غم میں ایک ہیجان۔ ایک بے اختیارانہ ہیجان برپا ہو گیا۔ اور میں رو پڑی۔

"ہائیں۔۔۔ سلمیٰ۔ تم تو۔۔۔ یہ کیا۔۔۔ تم تو رونے لگیں۔۔۔ الٰہی یہ کیا ماجرا ہے؟ بتاؤ بہن۔ کیا بات ہے؟" آہ!۔ کچھ نہیں۔۔۔ بس یونہی بیٹھے۔۔۔ خدا جانے کیا خیال آ گیا تھا؟" "نہیں سچ بتاؤ۔ کوئی بات ضرور ہے۔ اِس میں۔۔۔ تمہیں ہماری جان کی قسم سچ کہو۔" "کیا کہوں؟۔۔۔ کیونکر کہوں۔۔۔ میرے اللہ۔۔۔ مجھے یہ کیا ہو گیا ہے؟ زہرہ۔۔۔ بہن۔۔۔ اُف۔۔۔"

"خدا خیر کرے۔۔۔ بہن کچھ کہو گی بھی؟ تم نے تو مجھے گھبرا دیا ہے۔۔ لے اب سچ مچ صاف صاف بتلا دو۔ بہن۔" اُس کے لہجہ میں ایک مجبور کن ہمدردی تھی۔

"آہ! زہرہ۔ نسیمِ بہار کے لئے مشہور ہے۔ کہ اُس کے روح پرور جھونکوں سے کلیاں

کھِل کر پھول ہو جاتی ہیں۔ مگر میرے دل کی کلی۔۔۔۔ مرجھائی ہوئی کلی۔" شدّتِ گریہ سے میرا حلق خشک ہو گیا اور میں کوشش کے باوجود آگے کچھ نہ کہہ سکی۔ زہرہ بے چین ہو کر۔ نہایت بے چین ہو کر کرسی سے اُٹھی اور میرے قریب آ کر اپنے سُرخ ریشمی رومال سے میری آنسو بھری آنکھیں پونچھنے لگی۔ مگر اشکِ بے اختیار کی اضطراب سامانیاں ایسی نہ تھیں کہ تھم جاتیں۔ تھم سکتیں۔

(۲)

خدا جانے کتنی دیر تک میری آنکھیں سیلابِ غم بہاتی رہیں۔ میں نیم ہوش و نیم مدہوشی کے عالم میں کھوئی ہوئی تھی۔ جب اِس طرح جی کھول کر رونے سے میرے دل کا بخار نکل گیا۔ تو مجھے ایسا محسوس ہوا گویا میں ایک خواب دیکھ کر ابھی بیدار ہوئی ہوں۔

"زہرہ۔ میری پیاری بہن۔ کیا تم وعدہ کرتی ہو۔ کہ میرے راز کو۔ میرے اِس راز کو جو آج بے تابیِ دل کے ہاتھوں تم پر افشا ہو گیا ہے۔ اپنا راز سمجھو گی؟"

"یہ بھی کوئی کہنے کی بات ہے۔ سلمٰی بہن۔۔ میں اِس کی جان کے برابر حفاظت کروں گی۔ کیا تم نے مجھے اِس درجہ کم ظرف سمجھا ہے کہ وعدہ لے رہی ہو۔ تم اطمینان رکھو کہ تمہارا راز ہمیشہ میرے دل میں رہے گا۔" وہ ایک لمحہ کے لئے رُکی اور پھر بولی"۔ مگر تم یہ نہ سمجھنا کہ تمہارا راز مجھ پر آج کھُلا ہے۔۔۔۔ نہیں میں اِسے بہت دنوں سے جانتی ہوں"۔

"بہت دنوں سے جانتی ہو۔ وہ کیسے؟" میں نے حد درجہ اضطراب آمیز تعجب سے سوال کیا۔

"تعجب کی اِس میں کیا بات ہے؟ پھولوں کی مہک اور محبّت کا رنگ کہیں چھپائے

چھُپ سکتا ہے ؟ یہ تمہارا ہر وقت، ہر لمحہ ؟ غمگین رہنا۔ یہ چہرہ کی افسر دگی۔ یہ نگاہوں کی اُداسی۔۔۔۔ بات بات پر آہیں۔ یہ سب تمہاری محبت کی غمّاز ہیں۔" زہرہ نے مجھے گہری نظر سے گھورتے ہوئے جواب دیا۔

"اچھا تو کیا تمہیں یہ بھی معلوم ہے کہ میں۔۔۔۔ کس سے ؟" میں نے دل پر جو اُس وقت یک بیک مضطرب ہو گیا تھا۔ ہاتھ رکھتے ہوئے پُوچھا۔ "ہاں مجھے یہ بھی معلوم ہے کہ تم کس سے محبت کرتی ہو۔"

"کس سے ؟ زہرہ بتاؤ مجھے کس سے محبت ہے ؟" "نوید بہار کے ایک غائبانہ ادیب کوکب سے۔ ٹھیک کہتی ہوں نا؟"

میری رگوں میں ایک برقی لہر دوڑ گئی۔۔۔۔ ایسا محسوس ہوتا تھا جیسے کسی نے جذبات میں نشتر سا چبھو دیا ہے۔ دل۔ میرا مضطرب دل۔ زور۔ زور سے دھڑکنے لگا۔ ایسا معلوم ہوتا تھا۔ جیسے دنیا بھر کی دھڑکنیں مجھ میں سما گئی ہیں۔ یہ آہ! یہ سب کچھ۔۔۔۔ اُس نام۔ ہائے۔ اُس شیریں اور لطیف نام کا کافر اثر تھا۔

"مگر۔۔۔۔ مگر۔۔۔۔ تمہیں یہ کیسے۔۔۔۔ کیونکر معلوم ہوا؟" میں نے مرتعش آواز میں پوچھا۔

"اگر خفا نہ ہو تو کہوں۔ تمہاری بیاض میں۔ ایک خط نظر آیا تھا۔ اُسی نے مجھے یہ سب باتیں بتلائی تھیں۔ کچھ یاد ہے ؟ جب میں پچھلی مرتبہ تم سے ملنے آئی تھی۔ تو تم نے اپنی بیاض پڑھنے کے لئے مجھے دی تھی ؟"

زہرہ کی یہ باتیں سُن کر میں نے انتہائی ندامت و پشیمانی سے سر جھکا لیا۔ میں اُس کی باتوں کا کچھ جواب نہ دے سکی۔ "نہیں۔۔۔۔ میری پیاری سلمیٰ میں کہتی ہوں۔ میں تمہارے ہی فائدہ کے لئے کہتی ہوں کہ تم اِس سودائے خام سے باز آ جاؤ۔ ذرا عاقبت

اندیشی سے کام لو۔ جہاں تک جلد ہو سکے۔ اِس بیہودہ خیال کو اپنے دماغ سے نکال ڈالو۔ خدا کے لئے نکال ڈالو۔ کنواری لڑکیوں کے یہ لچھن اچھے نہیں ہوتے۔۔۔۔ مجھے تسلیم ہے کہ محبّت کوئی بُری چیز نہیں۔ مگر اِس صورت میں جبکہ اُس کا صحیح استعمال کیا جائے۔ ورنہ اُس سے پھر زیادہ کوئی حقیر چیز بھی نہیں۔" زہرہ کا لہجہ برابر زوردار ہوتا جارہا تھا۔

"اچھی۔ میں تو سمجھی تھی کہ تم بڑی عقلمند اور ذہین ہو۔ مگر اب مجھے معلوم ہوا کہ میرا خیال محض حُسنِ ظن تھا اور بس"

ناصحا، پند و نصیحت سے تجھے کیا فائدہ؟

دل مچلتا جائے ہے جتنا کہ تُو سمجھائے ہے

میں نے زہرہ کی لمبی چوڑی تقریر کا جواب ذوق کے اِس شعر سے دیا اور پھر بے اختیار ننھے بچوں کی طرح پھُوٹ پھُوٹ کر رونے لگی۔ "بھلا اک ایسے شخص سے محبّت کرنا کہاں کی عقلمندی ہے۔ جس کے متعلق اتنا بھی علم نہ ہو کہ وہ ہے کون؟ زہرہ نے (بظاہر) میری نالہ وزاری سے متاثر ہوئے بغیر اپنا سلسلۂ کلام جاری رکھا" "اتنی بھی خبر نہ ہو کہ بوڑھا ہے یا جوان؟ خوبصورت ہے یا بد صورت؟ شادی شدہ ہے یا کیا؟ اور سب سے آخر میں یہ کہ آیا وہ ایک محبت بھرے دل کی پذیرائی کر سکتا ہے یا نہیں؟ سلمیٰ پیاری۔ یہ تو تمہیں معلوم ہی ہو گا کہ ہر ایک شخص محبت کرنے کا اہل نہیں ہو سکتا۔"

"ہاں مگر تمہارے یہ اعتراضات قابلِ تسلیم نہیں ہیں۔" میں نے کہا۔ "کیونکر؟" زہرہ نے پوچھا۔

"اِس لئے کہ مجھے اُس کے متعلّق۔ اپنے اُس دلستان کے متعلّق سب کچھ معلوم ہے۔ سب کچھ معلوم ہو چکا ہے۔ زہرہ۔ وہ ایک خوش وضع۔ خوبصورت نشیلی آنکھوں والا نوجوان ہے۔ وہ ایک راست باز۔ عالی ظرف اور شریف النّسب انسان ہے۔ یہی نہیں

بلکہ وہ ایک ادیب ہے۔ اور سحر نگار ادیب۔ ایک شاعر ہے۔ اور آتش بیان شاعر۔ زہرہ۔ آج دنیائے شاعری میں اُس کا کوئی حریف نہیں۔ کوئی۔ کوئی بھی مدّ مقابل نہیں۔ اُس کے کمال کا دُنیا پر سکّہ بیٹھا ہوا ہے"۔

"خیر میں مانے لیتی ہوں کہ تمہاری باتیں حقیقت پر مبنی ہیں۔ مگر یہ تو کہو۔ اُسے بھی تم سے محبّت ہے ؟ اُس نے بھی تمہاری محبّت کا جواب محبت سے دیا ہے ؟ اگر نہیں۔ تو میں کہتی ہوں کہ یہ تمہارے لئے ڈوب مرنے کا مقام ہے۔۔۔۔ سلمیٰ۔ یاد رکھو۔ کہ ایک لڑکی۔ ایک کنواری لڑکی کے لئے اِس سے زیادہ ذلّت۔ اِس سے زیادہ ہتک کوئی نہیں ہے۔ کوئی نہیں ہو سکتی کہ اُس کا محبوب اُس کا ہدیۂ محبت قبول کرنے سے انکار کر دے۔ اُسے حقارت سے ٹھکرا دے۔"

زہرہ نے خدا خدا کر کے اپنی غصّہ آمیز تقریر ختم کی۔ "مجھے معلوم ہے بہن۔ میں جانتی ہوں کہ اِس سے زیادہ ذلّت کوئی نہیں ہو سکتی۔ مگر آہ! اِس کا کیا علاج ہے ؟ کہ جسے میں چاہتی ہوں۔۔۔۔ جس سے میں محبت کرتی ہوں۔ وہ مجھ سے تو کیا میرے نام تک سے بے خبر ہے۔۔۔۔نا آشنا ہے۔"

"اِس سے تمہارا کیا مطلب ہے ؟" "یہی کہ میں نے اب تک" ۔۔۔۔۔۔ مگر اِس سے پہلے کہ میں اپنی بات ختم کروں۔ دروازہ کھُلا اور امّی جان کمرہ میں داخل ہوئیں۔ "سلمیٰ بیٹی" ۔۔۔۔ اُنہوں نے فرمایا "چار بج گئے اور تم ابھی تک تیار نہیں ہوئی ہو؟ کیا میرے ساتھ نہیں چلو گی ؟" "جی۔ بس ابھی تیار ہوتی ہوں۔۔۔۔ پانچ منٹ میں۔" یہ کہہ کر اُٹھ کھڑی ہوئی اور زہرہ سے لباس وغیرہ تبدیل کرنے کی اجازت لینے لگی۔

"مگر یہ آج جاؤ گی کہاں ؟" زہرہ نے پوچھا۔ "کیا بتاؤں بہن۔ یہ ایک نئی مصیبت ہے۔ میری خالہ زاد بہن عذرا آج مایوں بیٹھیں گی۔ بس اُنہی کے یہاں جا رہے ہیں

ہم! میرا تو کہیں آنے جانے کو بھی جی نہیں چاہتا۔ مگر امی جان ہیں۔۔۔ کہ۔۔۔۔ ہاں تم بھی چلو نا"۔ "نہیں مجھے تو گھر جانے دو۔ والدہ صاحبہ خفا ہوں گی"۔

تو پھر ہمارے ساتھ چلو۔ راستہ میں اُتر جانا مکان پر۔ ابّا جان نے نئی گاڑی خریدی ہے۔ وہ تم نے دیکھی۔۔۔؟" "نہیں تو؟" "تو پھر چلو۔۔۔۔ اور اب ملو گی کب؟"

"شاید اگلے اتوار کو۔۔۔ مگر نہیں۔ اب میں نہیں آؤں گی۔ خیال تو کرو۔ تم پچھلے دو مہینوں سے ایک دفعہ بھی تو ہمارے ہاں نہیں آئیں"۔ "اچھا خفا نہ ہو۔ اب میں ہی آ جاؤں گی"۔

اور والدہ صاحبہ کے ساتھ گاڑی میں بیٹھتے ہوئے مجھے ایسا محسوس ہوا کہ کسی نئی دنیا میں آ گئی ہوں۔ ایک ایسی دنیا میں جہاں پہلے خیالات و محسوسات بہت دھندلے نظر آتے تھے۔ مگر نظر ضرور آتے تھے۔

سلمیٰ کا خط

۔۔۔ میں یہ اُلٹی سیدھی سطریں لکھ رہی ہوں۔ اِس حال میں کہ میرا دل مجسّمۂ درد و غم ہے۔ اور میری آنکھیں سیل بکنار۔۔۔۔ آہ! میں آپ سے جدا ہو رہی ہوں۔ ایک نامعلوم عرصہ تک کے لئے جُدا ہو رہی ہوں۔ ہائے! اب میری آنکھیں محروم ہو جائیں گی۔۔۔ کسی کے دیدار۔۔۔۔ سے ہمیشہ کے لئے محروم ہو جائیں گی۔ میرے کان ترس جائیں گے۔ اُف کسی کی رس بھری۔ جادو بھری آواز سُننے کو ترس جائیں گے۔ اور بس ترستے رہیں گے۔ آہ!

جدا کسی کا کسی سے غرض حبیب نہ ہو

یہ داغ وہ ہے کہ دشمن کو بھی نصیب نہ ہو

میں کیسے برداشت کروں۔ ؟ہائے مجھے بتلایئے۔ میں اِس صدمۂ عظیم کو کس طرح۔۔۔ کیونکر برداشت کروں گی؟میرے اللہ کیونکر برداشت کر سکوں گی؟ مگر آپ کیا بتلائیں گے ؟بھلا آپ کو مجھ سے اور میرے رنج و غم سے کیا واسطہ ؟کیا غرض۔ آہ!۔

اُنہیں اِس کی نہیں پرواکوئی مرتا ہے مر جائے

اچھّا۔ خدا آپ کو ہمیشہ خوش وخرّم رکھے اور شادو آباد رکھے۔

زندگی کی بہار دیکھو تم

عیشِ لیل و نہار دیکھو تم

خدا حافظ

غم نصیب۔ دعا گو

سلمیٰ

(حاشیہ پر) خدا کے لئے رومال کا یہ حقیر و ناچیز ہدیہ (جو میرے ہاتھ کا تیار کردہ ہے)اور پان قبول فرمایئے۔

یاد اپنی تمہیں دِلاتے جائیں

پان کل کے لئے لگاتے جائیں (آہ!!!)

سلمیٰ کا خط

تُو اور چارہ سازیِ اہلِ وفا غلط

نافہم تھا جو دل کو ترا آسرا ہوا

۔۔۔۔ انتظار حد سے بڑھ گیا۔ بے قراری نے شدّت اختیار کی۔ لیکن تمہاری آمد کے انتظار نے مجھے برابر مضطرب۔ پریشان اور چشم براہ رکھا۔۔۔۔ ! تمہاری یہ کم نگاہیاں۔۔۔۔ تمہارا تغافل! تمہاری بے اعتنائیاں۔۔۔۔ آہ! برباد کئے دیتی ہیں۔۔۔۔ ایسا معلوم ہوتا ہے کہ میں غم والم کے۔ حسرت ویاس کے۔ اندوہ و حرمان کے ایک تاریک و مہیب غار میں ابد الآباد تک کے لئے محبوس کر دی گئی ہوں مگر پھر بھی اُس جگر خراش اور سینہ سوز رنج کے باوجود بھی کہتی ہوں کہ۔

خدا کا شکر ہے پہلے محبت آپ نے کم کی

کیوں جی۔۔۔۔ اب تو مجھے کہنا چاہئے نا۔ کہ محبت سے تھک جانے۔ اُکتا جانے کا جو اندیشہ آپ کو مجھ سے تھا۔ اُس کا عمل در آمد آپ کی طرف سے ہو رہا ہے۔ آپ کی تصویر۔ نظم اور خطوط آپ کی خدمتِ بے مروّت میں واپس بھیجے۔ مگر ناکامی ہوئی۔ میرا خیال ہے کہ حضور عمداً چھوکرے سے نہیں ملے۔ خیر۔ اِس میں نقصان کس کا ہوا۔؟ ہاں ایک اہم معاملہ کے بارے میں مجھے آپ سے کچھ کہنا ہے۔ کیا آپ مجھ سے کسی وقت مل سکتے ہیں ؟؟؟

اگر نازک ہاتھ دُکھ نہ جائیں تو بذریعہ تحریر آج شام کو ضرور مطّلع کیجئے۔ میں مجسّم انتظار ہوں۔

یہ شعر کیسا ہے ؟

ہے وہ ہر جائی کبھی قابو میں آسکتا نہیں
ہجر کا غم دے کے جینا جس نے مشکل کر دیا

والسّلام شکوہ سنجِ بے وفائی

وہی وفادار

(حاشیہ پر) ہمارا ہی خون پیئے جو اِس خط کا جواب نہ دے۔

(پشت کی طرف)

بیروں روم کجاز حدِ آستانِ تُو؟؟

زنجیرِ اُلفتِ توچو درپا کشیدہ اَم!!

کیا بتاؤں مجھے بے درد وہ کیوں کہتے ہیں

کیا کہوں مجھ سے حسینوں کی شکایت کیا ہے؟ (ریاض)

پوچھ لیتے ہیں یہ، دستور ہے جلاّدوں کا

مجھ سے قاتل نے نہ پوچھا تری حسرت کیا ہے؟ (غالب)

کہیں یہ تفرقہ اندازِ چرخ دیکھ نہ لے

نہ اِس طریق سے باہیں گلے میں ڈال کے چل

سلمیٰ کا خط

میں اُس دن ایک ضرورت سے ایک سہیلی کے ہاں چلی گئی تھی۔ جس کا افسوس ہے۔ کیا آپ تشریف لائے تھے؟ اگر جواب اثبات میں ہے۔ تو میں شکریہ ادا کرتی ہوں۔ اور اگر نفی میں ہے۔ تو پھر میں کہتی ہوں۔ کہ آپ کو اِس کی کوئی معقول وجہ بتلانا ہو گی۔ آخر کسی کے خط کا جواب نہ دینا کہاں کی۔۔۔ دیکھئے میں آپ سے ایک اور صرف

ایک سوال کا جواب چاہتی ہوں اور وہ سوال یہ ہے کہ آپ نے حسبِ وعدہ وہ خط چاک کر دئے ہیں یا نہیں؟ اگر نہیں تو کیوں؟ کس وجہ سے؟ میں آپ کے تمام مکتوبات واپس کر چکی ہوں۔ کر چکی ہوں نا؟ تو اب آپ کو بھی ایسا کرنا چاہئے۔ کیوں۔ نا۔؟ تاکہ میں بھی آپ کی طرح اِس طرف سے مطمئن ہو جاؤں۔ مطمئن ہو سکوں۔ مگر آپ سے ایسی اُمید کہاں؟ آپ تو بس یہ چاہتے ہیں کہ میں کمبخت ہمیشہ پریشان خاطر اور محرومِ تسکین ہی رہوں۔ معلوم نہیں۔ آپ کو مجھ سے اتنی عداوت کیوں ہے؟ یا اب ہو گئی ہے؟

یقیناً میں یہ کہنے میں حق بجانب ہوں کہ آپ کی ہر ایک بات جھوٹ۔ فریب اور دغا تھی۔ آپ نے اپنے خطوط بھی اِس لئے واپس مانگے تھے کہ اِس طرح آپ کی غلط بخشیوں یا فریب آرائیوں کے ثبوت میرے پاس نہ رہیں۔ آہ! آپ کو مجھ سے ذرا بھی اُنس نہ تھا۔ آہ! ذرا سا انس بھی نہ تھا۔ آپ کے وہ تمام داعیاتِ محبّت۔ تصنع اور بناوٹ پر مبنی تھے۔ اور مجھے۔ مجھ عقل کی اندھی۔ نادان لڑکی کو دھوکے میں ڈالنے کے لئے۔ فریب میں مبتلا کرنے کے لئے ایک پُر مذاق سین اور بس۔

سوچئے اور شرما جایئے۔ خیال کیجئے اور نادم ہو جایئے۔ کہ آپ نے کس بے دردی کے ساتھ مجھ سے میری زندگی اور زندگی کی تمام مسرّتوں کو چھین لیا ہے۔ غارت کر دیا ہے۔ آہ! تباہ کر دیا ہے۔ کس سنگدلی سے میری اُمیدوں اور آرزوؤں کو پامال کر دیا ہے۔ مسل دیا ہے۔ کیا وہ منتقمِ حقیقی اِس ظلم و ستم کا بدلہ آپ سے نہ لے گا؟ لے گا اور ضرور لیگا۔ مجھے رنج ہے۔ کہہ نہیں سکتی۔ کس درجہ رنج ہے کہ میں اب تک آپ کے سے ظاہر دار۔ ریاکار۔ محبت فراموش۔ بے رحم۔ مغرور۔ وفا دشمن۔ جفا طراز۔ دلآزار اور ظالم آدمی کو دیوتا کیوں کہتی رہی؟ اور کیوں اتنی مدّت تک اِس طرح، اِس نیازمندی کے ساتھ آپ کی پرستش اپنے لئے جائز اور روا خیال کرتی رہی؟ مگر اب پچھتائے کیا ہووت

جب چڑیاں چگ گئیں کھیت۔

اِس عریضے سے میرا یہ مقصد نہیں ہے کہ آپ میرے اِس سوال کا حسبِ منشا لمبا چوڑا، جواب عنایت فرمائیں۔ میرا مقصد صرف یہ ہے کہ پہلے آپ اِس لئے میرے خط کا جواب دیتے تھے کہ یہ آپ کی آرزو تھی اور آرزو اِس لئے تھی۔ کہ آپ کو مجھ سے محبت تھی۔ مگر اب اِس لئے جواب دیجئے کہ یہ آپ کا اخلاق ہے۔ اور اخلاق اِس لئے کہ آپ انسان ہیں۔ اگر آپ مجھے ہمیشہ کے لئے خاموش اور سکوت بلب کرنا چاہتے ہیں تو وہ خطوط واپس کر دیجئے۔ یا اپنے خدا کو حاضر وناظر جان کر کہہ دیجئے کہ وہ سب چاک کر دیئے گئے ہیں۔ بس میرے لئے یہی کافی ہو گا۔ یاد رکھئے اِس خاموش کشیدگی سے کچھ نہ بنے گا۔ آپ کے دل میں جو کچھ ہے۔ للہ بے کم وکاست زبانِ قلم سے ظاہر کر دیجئے۔ مجھے اب اور کیا رنج ہو سکتا ہے۔ آپ مجھے اپنی عنایتوں اور مہربانیوں سے پہلے ہی بہت رنجیدہ کر چکے ہیں۔ اور

رنج کا خوگر ہوا انساں تو مٹ جاتا ہے رنج

آپ کو خط لکھ رہی ہوں۔ قلم کاغذ کو سیاہ کرنے میں مصروف ہے۔ مگر مجھے مطلقاً ہوش نہیں کہ کیا لکھ رہی ہوں۔ اور کیوں لکھ رہی ہوں؟ دل میں ایک اضطراب ہے۔ الم انگیز۔ ایک جوش ہے۔ درد آمیز۔ چاہتی ہوں کہ کچھ اور لکھوں۔ مگر طاقتِ تحریر جواب دے چکی ہے۔ لہذا ختم۔

راقمہ

وہی کہ جسے آپ نے تباہ وبرباد کر ڈالا

سلمیٰ کا خط

---------۔ بیماری نے اب تک میرا پیچھا نہیں چھوڑا۔--۔ آج کل میں ایک قابل معالج کے زیرِ علاج ہوں اِس لئے فی الحال خط بھیجنے کی تکلیف نہ فرمایئے۔

کیوں جی۔ اِس بعد از وقت اور جھوٹ موٹ کے اعتراف کی اب کیا ضرورت ہے؟ میں پوچھتی ہوں۔ اب ضرورت ہی کیا تھی؟ معاذاللہ اِس درجہ سفید جھوٹ۔ پھر وہ بھی خواہ مخواہ۔ خدا سمجھے اِن گندم نما جو فروشوں سے۔ اِس زبانی جمع خرچ اور لفاظی سے احتراز کیجئے۔ اور کوئی عملی ثبوت دیجئے۔ ہاں میں عملی ثبوت چاہتی ہوں۔ اور وہ۔--۔ وہ صرف یہ ہے کہ اپنی سلمیٰ کو آنے والی رسوائیوں اور بدنامیوں سے بچایئے۔ کہ کہیں غریب گنہگار، گناہِ بے لذّت کی مصداق بن کر نہ رہ جائے۔

میرا خیال ہے۔ اور آہ! کیا کہوں۔ کہ اِس خیال نے مجھے اندیشوں کے کیسے بحرِ عمیق میں غرق کر رکھا ہے۔ کہ آپ۔--۔ نہیں توبہ میں کہنا یہ چاہتی تھی کہ آپ کی وہ راز داں ہستیاں عنقریب کوئی فتنہ برپا کرنے والی ہیں۔ تو پھر کیا یہ ممکن ہو سکتا ہے۔ کیا میں آپ سے یہ توقع رکھ سکتی ہوں؟ کیا آپ میرے لئے۔ میری خاطر۔ کوئی کسی قسم کا کوئی ایثار کرسکتے ہیں؟ بہتر یہ ہے۔ کہ آپ اب ماضی کی تلخ یاد کو بھول جایئے۔ اِس طرح جیسے

بھُولا سا ایک خواب ہے عہدِ شباب کا

اور مستقبل کا خیال کیجئے۔ میرا مطلب یہ ہے۔ کہ آپ اپنے مستقبل کو شاندار بنانے کی جدوجہد کیجئے کہ اب سلمیٰ۔ آہ! وہ سلمیٰ (جس کے خیالات کی دنیا کبھی کسی زمانہ میں سینکڑوں خوشیوں اور ہزاروں مسرّتوں سے۔ طمانیتوں سے معمور تھی۔ آباد تھی۔ آپ کی محبت کے قابل نہیں رہی۔) اور نہ آپ اُس کی بے پایاں اور بے لوث محبت کے لائق رہے۔ آخر میں ایک امرِ واقعی کے اظہار سے کیوں گریز کروں؟

آپ دریافت کرتے ہیں۔ کہ کیوں ؟ مگر میں اِس کا کچھ جواب نہ دوں گی۔ ہاں اِس قدر کہوں گی۔ کہ آپ اِس اِستفسار کا جواب اپنے دل کی گہرائیوں میں۔ اپنی روح کی خلوتوں میں تلاش کیجیے۔ اور بس۔ آخر میں مجھے یہ کہنا ہے۔ کہ آپ للہ میری تمام خطاؤں کو بخش دیجئے۔ نظر انداز کر دیجئے۔ میں ٹھہری ایک مریض۔ کون جانتا ہے۔ کس وقت دم نکل جائے۔

جواب کا انتظار کروں یا۔۔۔۔۔۔

آہ!

آپ کی۔۔۔ سلمیٰ

آپ کی وہ کانفرنس ابھی ختم نہیں ہوئی کیا۔۔۔؟؟

"میلہ جُورا۔۔۔"

کوکب کا خط

آپ بیمار کیوں ہیں۔۔ اور کیا۔ ؟مذاق نہیں کرتا۔ آپ کی بات کو جھوٹ نہیں سمجھتا۔ مگر نہ معلوم کیوں یقین نہیں ہوتا کہ آپ بیمار ہیں۔

اعتراف کی ضرورت اور عدم ضرورت کا احساس مجھ پر منحصر ہے۔ آپ کو اِس سے کیا تعلق ؟ مجھے یاد نہیں۔ میں نے یہ نظم خدمتِ والا میں ارسال کی ہو؟ رہا یہ کہ اِس کی تعمیر میں سفید جھوٹ صرف ہوا ہے یا سیاہ۔ اِس کا جواب میں آپ کے موجودہ کرخت اور درشت لہجے کو دیکھتے ہوئے دینا نہیں چاہتا۔ زیادہ سے زیادہ یہ کہہ سکتا ہوں۔ کہ آپ گھبرائیے نہیں۔ سلمیٰ کسی اور ہستی کا بھی تو نام ہو سکتا ہے۔ ہاں ایک نئی سلمیٰ اسٹیج پر نمودار ہو رہی ہے اور وہ غریب۔ تمہاری طرح بے درد۔ اور بے داد گر نہیں ہے۔

آپ نے مجھ سے یہ توقع کی ہے کہ میں آپ کی خاطر یہ ایثار کروں کہ ماضی کی یاد کو بھول جاؤں یا بھلا دوں۔ میں عرض کرتا ہوں۔ ایسا ہی ہو گا۔ آپ مطمئن رہیے۔

حقیقتاً میں اب کسی طرح آپ کی محبت کے لائق نہیں رہا ہوں۔ اُس زمانے میں آہ! اُس حسین و خوشگوار زمانے میں جبکہ سرمستیِ محبت کا عروج لاہور کی اکثر سرمائی راتوں کو اپنے ہنگامہ ہائے سُکر و نشاط سے معمور رکھتا تھا۔ میں نے دو شعر کہے تھے۔

اگر مجھے نہ ملیں تم تمہارے سر کی قسم
میں اپنی ساری جوانی تباہ کر لوں گا
جو تم سے کر دیا محروم آسماں نے مجھے
میں اپنی زندگی صرفِ گناہ کر لوں گا

اِس لئے اب جبکہ اِس خوفناک خواب کی خوفناک تعبیر بروئے کار آچکی ہے۔ ناکامیِ تمنّا کے خلاف میرا تلخ سے تلخ انتقام یہی ہو سکتا ہے کہ میں جس حد تک کر سکوں۔ اپنی معصومیتِ حیات کو مجروح کر دوں۔ آہ! ذبح کر دوں۔ اور اب مجھے معلوم نہیں۔ آپ کن حسّیات کے ساتھ سنیں گی کہ میں ایک زخمی شیر کی طرح بے دردیِ فطرت اور بے رحمیِ دُنیا سے اپنا یہ حسین انتقام لے رہا ہوں۔ آہ! ایک لطیف۔ ایک لذیذ شاعرانہ انتقام۔ انتقام کی بسم اللہ ہو چکی ہے۔ گناہ کی پہلی رات کا رتجگہ منایا جا چکا ہے اور مستقبل کی جنگ کا تخیّل۔ دلآویز تخیّل پیشِ نظر ہے اور پھر ایک لامحدود گناہ کا لامحدود تخیّل میرے دماغ کی پریشان فضاؤں میں آوارہ۔۔۔۔ لامحدود۔

اللہ اِس انتقام میں کس قدر مسّرت اور ندرت ہے۔

یہ پہلا موقعہ ہے۔ کہ تمہارا مخاطب ایک عام انسان۔ ایک غلیظ۔ ایک ناپاک انسان ہے جس کو جنونِ معصیت اپنی تُندرو میں لئے جاتا ہے۔ ہر چند جس طرح (اور تم سے بڑھ

کر اُس کا کون اندازہ کر سکتا ہے کہ جس طرح وہ اپنی ادائے معصومیت میں عام انسانوں سے ممتاز تھا۔ اُسی طرح وہ اب اپنی شانِ معصیت میں بھی دنیا کے تمام نفس پروروں سے بلند ہے۔ ہاں۔ ایک نمایاں امتیازِ گناہ کا مالک ہے۔ فطرت اِس معاملے میں ضرور فیاض ہے۔ (اور اس کے لئے میں اُس کا ممنون ہوں) کہ اُس نے میری امتیازی فطرت کا شاعرانہ غرور ہر جگہ محفوظ رکھا ہے۔ میری یکتائی کے انفرادیت کے آئینے کو اُس کے جوہرِ پندار کو۔ کسی رنگ میں بھی ٹھیس لگنے نہیں دی ہے۔ میری دیوانگیِ گناہ یا بہیمتِ شباب کا وار سوسائٹی کے اُس بلند طبقے کو سہنا پڑے گا۔ جس کے دامن پر بقول کسے حوریں بھی نماز پڑھتی ہیں۔ (کس قدر بد ذوقی ہے۔ حوروں کو نماز سے کیا نسبت) اور یہ وار اُنھی کو سہنا چاہیئے۔

نسوانی معصومیتوں اور دوشیزگیوں کے لئے اب میرے پاس ایک خراش۔ ایک زخم کے سوا کچھ نہیں رہا۔

انقلابات ہیں زمانے کے

اور جب تک انسانی دُنیا مجھ سے محروم نہیں ہوتی۔ میں اُن کے نازک و ناز آفریں حصے کے حق میں ایک خطرۂ عظیم بن جانا چاہتا ہوں۔ مگر ہائے جوانی۔ بے ثبات جوانی۔ کاش میں اِسے قیامت تک بر قرار رکھ سکوں اور یونہی بدستور اپنی انتقام پرور روح کی نشاط کاریوں میں مصروف رہوں۔ اللہ رے لذّتِ انتقام!

سُنتی ہو۔ اِس حالت میں اگر میں یہ دعویٰ کروں کہ میں تمہاری محبت کے لائق ہوں تو یہ میرا جھوٹ ہے۔ یقیناً میں تمہاری محبت کے لائق نہیں رہا ہوں. بہر حال اِس قصے کو چھوڑیئے۔ اور چونکہ اب حقیقتاً میں ایک دوسرے کو بھول جانا چاہیئے۔ اُسے بھُول جایئے۔ جایئے۔ بھلا دیجئے۔

اور زیادہ کیا لکھوں۔

والسّلام

آپ کا یادِ ایاّم

سلمٰی کا خط

آپ کے صرف ایک سوال کا جواب تو صرف یہ ہو سکتا ہے کہ۔۔۔۔ ہوا ہے۔ مگر چونکہ آپ نے میرے حکم کی تعمیل ضروری نہیں سمجھی اِس لئے مجھے بھی ضرورت نہیں کہ میں تعمیلِ حکم میں۔ آپ کے صرف ایک ہی سوال کا جواب دینے پر اکتفا کروں اور اس کے علاوہ کچھ نہ لکھوں۔ لہذا۔۔۔۔ یا بنا بریں بلا جھجک آپ کے مفصّل خط کا مفصّل جواب عرض کرتی ہوں۔

سُنئے۔ میں واقعی بہت ہی عجلت پسند اور ضدّی (اور اس کے علاوہ جو آپ ارشاد فرمائیں) ہوں۔ لیکن اگر میں اِن صفات سے متصف ہوتی تو پھر آپ جیسے فردِ مغرور سے جواب لے لینا معلوم۔۔۔۔ بہرکیف اب میں آپ کو یقین دلاتی ہوں کہ آئندہ آپ میری عجلت پسندی اور ضدّی طبیعت کا کبھی کوئی کرشمہ نہ دیکھیں گے۔ بس یہ کرشمہ آخری کرشمہ تھا۔ مجھے افسوس ہے کہ میں اتنی مدّت تک ناحق آپ کو دق کرتی رہی ہوں۔ مگر میں تو مجبور تھی۔ کیا آپ معاف نہ کریں گے؟

خدا مجھے دنیا سے اُٹھالے۔ واپس لے لے کہ میں آپ کے سے گرامی قدر انسان کو مکمل انسان کو خارج از انسانیت یا ذلیل سمجھنے کا خیال بھی کروں۔ افسوس کہ میری نسبت آپ کے ایسے خیالات ہیں۔ کاش آپ اندازہ کر سکتے کہ آپ کے اِن الفاظ سے میں نے کس قدر دکھ محسوس کیا ہے؟ مگر آپ کیوں کرتے؟ جبکہ آپ کا مقصد ہی مجھ بدنصیب کو

رنج پہنچانا تھا۔ خیر خوش رہیے۔ بعد از وقت پشیمانی۔ میں آپ کی دلی ہمدردی شکریہ کے ساتھ قبول کرتی ہوں۔ مگر اتنا خیال ہے کہ اُس عریضے یا آپ کی اصطلاح میں عتاب نامے کا مقصد محض یہ تھا کہ آپ برہم ہو کر جھلاؔ کر میرے اُس سوال کا جواب عنایت فرمادیں۔ یوں تو آپ سیدھے ہونے والے تھے نہیں۔ مجبوراً تنگ آکر یہ آخری تدبیر میں نے سوچی۔ جو شکر ہے کہ کارگر ہو گئی۔

خطا ثابت کریں گے اور اُن کو خوب چھیڑیں گے
سُنا ہے اُن کو غصّے میں۔۔۔۔ جانے کی عادت ہے

میرے الزامات کا جواب دینے کی آپ میں کیوں ہمت ہو؟ جبکہ وہ الزامات ہیں ہی نہیں۔ جب کوئی جواب بن نہ پڑا تو یہ کہہ کر اپنا پیچھا چھڑا لیا۔ ”اے حضور! مجھ سے بچ کر آپ جائیں گے کہاں۔ مجھے سب معلوم ہے“

جلوے مری نگاہ میں کون و مکاں کے ہیں
مجھ سے کہاں چھپیں گے وہ ایسے کہاں کے ہیں

میں اپنے الفاظ دُہراتی ہوں کہ منتقمِ حقیقی آپ سے ضرور بدلہ لے گا۔

نہ چین پائے گا تُو بھی ظالم کسی کا خانہ خراب کر کے

آپ کے اِس بلیغ فقرے کا مطلب میری سمجھ میں نہیں آیا۔ یا بہ الفاظِ دیگر میرا دماغ کوشش کے باوجود اِس پیچیدہ سوال کو حل نہیں کر سکتا۔ (اور اس کا باعث غالباً یہ ہے کہ میں بدقسمتی یا خوش قسمتی سے شاعر نہیں ہوں) بنابریں میں خفا بھی نہیں ہوئی ہوں؟ ہاں آپ اگر تحریر کے چہرے کے تبسّم کو قہقہے میں منتقل کر دیں تو پھر البتہ میں ناراضگی یا عدم ناراضگی کے متعلق کوئی رائے قائم کر سکوں گی۔ لمبا چوڑا خط لکھنے سے کس کافر نے آپ کو روکا ہے؟ آپ خود ہی ایسا چاہیں۔ تو اِس میں میرا کیا قصور؟ آپ کو خواہ مخواہ چکنی چپڑی باتیں

کرنے کی ضرورت نہیں۔ مجھے معلوم ہے۔ اور میں بخوبی جانتی ہوں کہ کسی سے محبت کرنا یا نہ کرنا اپنے بس کی بات نہیں ہے۔ میں آپ کو ہرگز مجبور نہیں کروں گی۔ اور نہ اپنی شکستہ ریزیوں کے مطالعہ سے آپ کو تکلیف دوں گی۔ ہاں مجھ سے آپ کی عداوت کا جذبہ محققا اور کیا ہو سکتا ہے۔ میں کبھی۔ ذرا کھل کر فرمایئے۔ مگر ٹھہریئے۔۔۔۔ میرا خیال ہے کہ میں نے اب اِس پہیلی کو حل کر لیا ہے۔ ایسا لکھنے سے آپ کا مقصد اِس کے سوا کچھ نہ تھا۔ کہ مجھ سے۔ آپ کو عداوت نہیں۔ نفرت تھی۔ اور ہے۔ اور یہ محض میری بے وقوفی تھی کہ میں اب تک اِس حقیقت کو نہ جان سکی۔ بہر حال میں پھر بھی آپ کی ممنون ہوں کہ آپ نے کبھی نہ کبھی تو مجھے اُس راز سے مطلع کر ہی دیا نا۔ حقیقت یہ ہے۔ کہ میں بہت ہی بے حمیّت اور بے غیرت ہوں۔ کہ مجھ میں خودداری نام کو نہیں رہی حالانکہ قبل ازیں۔۔۔ مگر! گئے گزرے حالات وواقعات کا ذکر ہی کیا؟

۔۔۔۔۔۔۔۔ نے غالب نکّما کر دیا ورنہ ہم بھی آدمی تھے کام کے

وہ تصویر اگر واپس نہ کروں تو کیا ہو گا؟ آپ کیا کریں گے؟؟ آخر میں بصد خلوص۔ آپ کی خدمت میں ہدیہ تشکّر پیش کرتی ہوں کہ آپ نے میرے سوال کا جواب میری حسبِ منشا عنایت فرمایا۔ ہر چند کہ اِس مہربانی کا مقصد یہی ہے کہ میں اپنے وعدہ کے مطابق ہمیشہ کے لئے خاموش ہو جاؤں۔ تاہم مکّرر شکریہ ادا کرتی ہوں۔

سمع خراشی معاف

والسّلام

وہی فریب خوردہ۔۔۔

* * *